Charl Cilliers
Japie Coetzee
Jeanette de Klerk

EK EN ANDER

'n Dink- en doenboek vir tieners

LUX VERBI

Outeursreg © 1991 Lux Verbi
Posbus 1822, Kaapstad
Alle regte voorbehou
Illustrasies deur Pieter de Weerdt
Omslag-illustrasie deur
Fred Mouton
Geset in 11 op 13 pt Times Roman
deur Unifoto, Kaapstad
Gedruk en gebind deur
Nasionale Boekdrukkery
Goodwood, Kaap
Eerste uitgawe, eerste druk 1991

ISBN 0 86997 355 X

Opgedra aan ons tieners

Inhoud

    Voorwoord 9
    Oor die skrywers 10
1. Is jy 'n optimis of 'n pessimis? 11
2. Voel mense tuis by jou? 16
3. Kommunikasie is 'n kuns 19
4. Luister is belangrik 25
5. Is jy 'n aanvaarbare mens? 29
6. Ek gesels met volwassenes 33
7. Ek verskil van jou! 37
8. Uitgaan sonder sukkel 41
9. Respek vir seks 46
10. Kan ek vigs vermy? 51
11. Wat maak ek met 'n liefdesteleurstelling? 55
12. Kies vir jou 'n lewensmaat 60
13. Jou verhouding met jou ouers en onderwysers 64
14. Jou minderes en jou meerderes 68
15. Maak van jou vyand 'n vriend! 72
16. Die hantering van ongemaklike situasies 76
17. Daardie onbeteuelde emosies! 79
18. Kritiek krap om 81
19. Om te vergewe is om te lewe 84
20. Hoe om logies te redeneer 87
21. Hou woord 90
22. 'n Mens moet kan nee sê 94
23. Hou mense van jou? 97
24. Jy kán geestelik groei en vir die Here getuig 101

Voorwoord

EK EN ANDER is 'n dink- en doenboek oor verhoudinge en is spesiaal bedoel vir die tiener omdat verhoudinge veral in die tienertydperk maklik skeef loop. Die tiener se verhouding met sy vriende, persone van die teenoorgestelde geslag en sy ouers en onderwysers bepaal in groot mate sy geluk. Iemand het gesê: "In the big playground of life, you cannot swing alone."

Daarom het ons in hierdie boek geskryf oor verskillende aspekte en beginsels van verhoudinge met ander. Ons het onder andere gekyk na:

* Wat maak my aanvaarbaar vir ander?
* Wat maak ek met 'n liefdesteleurstelling?
* Hoe maak ek van 'n vyand 'n vriend?

Ons hoop is dat elke tiener by die deurwerk van hierdie boek tot selfondersoek sal kom, wat sal bydra tot sy sosiale ontwikkeling sodat sy verhoudinge met dié om hom sal verbeter en verdiep.

Dit is egter 'n proses waarmee 'n mens lewenslank besig is. Ons wens die tieners en dié wat aan hul leiding gee sterkte toe hiermee.

DIE SKRYWERS

Oor die skrywers

CHARL CILLIERS (D Ed) was 'n onderwyser-voorligter en is tans dosent in Opvoedkundige Sielkunde aan die Universiteit van Stellenbosch. Hy is ook medeskrywer van *Kom ons gesels eers* en *Leer studeer en presteer*.

JAPIE COETZEE (D Ed) was dosent in Didaktiek en Jeugweerbaarheid aan die Universiteit van Stellenbosch. Hy het al verskeie publikasies die lig laat sien, onder meer *52 Waarhede*, *Fokus op die lewe*, *Kom ons gesels eers*, *Manlief, verstaan my tog* en *Die vlugteling André de la Fontaine*.

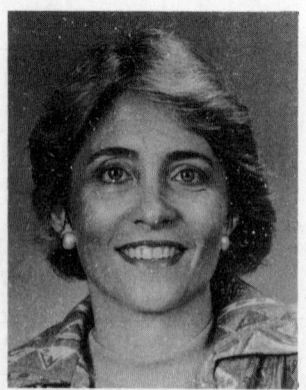

JEANETTE DE KLERK (D Ed) is dosent in Fundamentele Opvoedkunde en Opvoedkundige Sielkunde aan die Universiteit van Stellenbosch. Sy is ook 'n huisvrou en ma van drie kinders.

1
Is jy 'n optimis of 'n pessimis?

Is jy iemand wat geneig is om:

* te kla as dit reën of as die wind waai?

* baie te sug?

* probleme raak te sien wanneer iemand iets voorstel?

* negatief te voel oor veranderinge wat mag plaasvind?

* te dink dat die lewe jou darem dikwels sleg behandel?

JA	NEE
JA	NEE
JA	NEE
JA	NEE
JA	NEE

(Maak 'n kruisie in die toepaslike blokkie.)

Mense kan onder andere in twee hoofgroepe ingedeel word: die optimiste en die pessimiste. Die woord optimis kom van die Latynse woord *optimus* wat letterlik beteken "net die beste", terwyl die woord pessimis van die Latynse woord *pessimus* afkomstig is wat "net die ergste of slegste" beteken. 'n Optimis is dus 'n persoon wat net die beste verwag, terwyl 'n pessimis weer gewoonlik net die slegste verwag. Indien jy oorwegend *nee* geantwoord het op bogenoemde vraelys, is jy heel waarskynlik 'n optimis. Indien jy oorwegend *ja* geantwoord het, is jy waarskynlik 'n pessimis.

'n Optimis is iemand wat in elke probleem 'n uitdaging sien, terwyl 'n pessimis in elke uitdaging 'n probleem sien. 'n Pessimis is iemand wat al vroegoggend vir jou kan sê presies hoe aaklig die weer gaan wees, terwyl 'n optimis vrolik bly ten spyte van die weersomstandighede. Die gesindheid van optimisme of pessimisme beïnvloed 'n mens se hele lewe:

* Dit gaan bepaal of jy kans sien vir nuwe uitdagings.
* Dit gaan selfs later jou gesigsuitdrukking bepaal.

* Pessimisme en optimisme is aansteeklik. Daarom beïnvloed dit ook jou verhoudinge met ander mense. Dit is moeilik om in die teenwoordigheid van 'n pessimis te wees en nie na 'n ruk ook te begin vaskyk in die probleme, slegte weer en die swak eienskappe van ander nie. Gelukkig is optimisme ook aansteeklik en werk dit ook deur na die mense rondom jou. Dit is lekker om in die teenwoordigheid van 'n optimis te wees, want dit laat jou ook opgewek voel en kans sien vir dinge omdat so 'n persoon op die positiewe konsentreer.

Die gesindheid van optimisme en pessimisme hang nie af van die omstandighede waarin jy is nie. **Dit is 'n lewenshouding of gesindheid wat van binne af kom.** Jy kan 'n *wilsbesluit* neem en *kies* om meer positief en optimisties te wees. 'n Mens kán dié gesindheid doelbewus aanleer. Die volgende wenke mag jou daarmee help.

Waak teen negatiewe selfgesprek

Tel hoeveel keer jy in die volgende 24 uur 'n negatiewe gesprek met jouself voer. Voorbeelde hiervan is:

> **Jy dink:** "Ek het lus om Saterdagaand aan die debat deel te neem."
>
> **Stem binne antwoord:** "Ha, ha! Jý opstaan en voor almal in die saal praat? Nog nooit!"
>
> **Jy dink:** "Hoekom nie? Ek weet heelwat van die onderwerp. As ander dit kan doen, waarom nie ook ek nie?"
>
> **Stem binne antwoord:** "Jy sal net jou naam krater maak. Sê nou jy word senuweeagtig en vergeet wat jy wil sê? Nee, man, los dit liewer."

> **Jy dink:** "As ek nou weer verjaar, gaan ek 'n lekker groot partytjie hou en al my vriende nooi."
> **Stem binne antwoord:** "Nee, man, dit sal net 'n fiasko wees. Jy weet tog partytjies kan maklik droog en vervelig raak en wat gaan jy dán doen?"
> **Jy dink:** "Ek wou lankal my maats oornooi. Ons kan 'n lekker vleisbraaiery hou en musiek luister."
> **Stem binne antwoord:** "En as dit reën? Die huis sal te klein wees. Dis beter om liewer niks te reël nie as om al die moeite te doen en dit misluk."

As jy lank genoeg aanhou met dié negatiewe selfgesprek, luister jy gewoonlik na die pessimistiese stem en voer nie jou voornemens uit nie.

Onthou:

> **NEGATIEWE SELFGESPREK WERK VERLAMMEND IN OP JOU. VERMY DIT!**

Waaraan sê Filippense 4:8 moet ons dink? Skryf dit hieronder neer:
___
___
___

Wees so fiks en gesond as wat jy kan wees

Hoe fikser jy is, hoe harder kan jy werk en hoe beter kan jy druk en spanning hanteer. As 'n mens onfiks is of siek en moeg voel, is jy meer geneig om die wêreld deur 'n pessimistiese bril te sien. Sorg dus dat jy genoeg slaap kry en gesond en gebalanseerd eet.

Gereelde, harde liggaamlike oefening, 'n vinnige pot muurbal of om 'n ver ent in die veld te gaan draf, kan wondere doen aan 'n gevoel van pessimisme. Jy sweet dit as 't ware uit!

Veral 'n meisie voel gewoonlik soos sy lyk. Daarom moet jy juis die dag wanneer jy negatief en pessimisties voel, sorg dat jou hare blink, jou naels skoon is en jy mooi klere aanhet, want dan verander jou gemoedstoestand ook makliker.

Raak betrokke en gee van jouself

Pessimiste is dikwels mense wat so in hulself gekeer is en so besig is met hul eie "binnegevegte", dat hulle nie uit hulself beweeg en by ander mense en dinge buite hulself betrokke raak nie. Goeie medisyne vir pessimisme is om besig te wees en ander te help. Moet net nie sit en tob oor alles en so jouself al dieper in die put stoot nie. Raak betrokke by die Landsdiens of debatsvereniging. Doen iets waarvan jy hou. As jy van die natuur hou, sluit aan by 'n voetslaan- of bergklimklub of volg 'n lewensreddingskursus. As jy van kinders hou, kan jy gaan Sondagskool hou of kinderpartytjies organiseer.

Frankl het gesê:

> Give yourself, forget yourself, don't concentrate your attention on yourself.

Leer om vir jouself en die wêreld te lag

Pessimiste is gewoonlik ernstige, beswaarde mense wat moeilik die komiese raaksien. Leer om jouself nie te ernstig op te neem nie en probeer om meer dikwels vir jouself en vir die komiese in die lewe te lag. 'n Goeie humorsin is 'n wapenskans teen pessimisme. Glimlag doelbewus meer, want so kan jy pessimisme verdryf.

Lewe een dag op 'n keer

Optimiste is *nou*-mense. Hulle lewe nou, vandag, en is nie gedurig bekommerd oor môre nie. Hulle tob nie gedurig oor gister se verspeelde kanse nie. Dit is een van die groot geheime van suksesvolle, optimistiese mense.

LEWE ELKE OOMBLIK, ELKE NÓÚ, VOLUIT!

As jy dus nou in die Afrikaans-klas sit, let op en werk saam. Moenie tob oor die vervyfskop wat gister mis was of bekommerd wees oor die geskiedenistoets van môre nie.

Onthou, almal word gekonfronteer met probleme, maar as jy gedurig bekommerd is daaroor en daaraan dink en daaroor praat, gaan jy 'n pessimistiese mens wees en gaan jy nie nóú so effektief wees nie.

Wees soos 'n duikelaar

Wees soos die poppe/mannetjies waarmee babas speel, wat 'n ronde voetstuk het met 'n stabiliseerder daarin. Al klap jy die speelding ook na watter kant toe, hy spring maar net weer regop. Die lewe behandel ons nie altyd sagkens nie, maar probeer om soos die duikelaar gou weer terug te spring en voort te gaan. Spring so gou moontlik uit 'n pessimistiese bui en moenie te lank jammer voel vir jouself nie.

OPTIMISTE IS GELUKKIGER, GESONDER EN GEWILDER AS PESSIMISTE.

2
Voel mense tuis by jou?

Daar is sommige mense wat die gawe of vermoë het om ander tuis en gemaklik by hulle te laat voel. Dit is nie noodwendig altyd mooi of intelligente persone nie, maar doodgewone mense.

Watter eienskappe het jy al by sulke persone opgemerk?

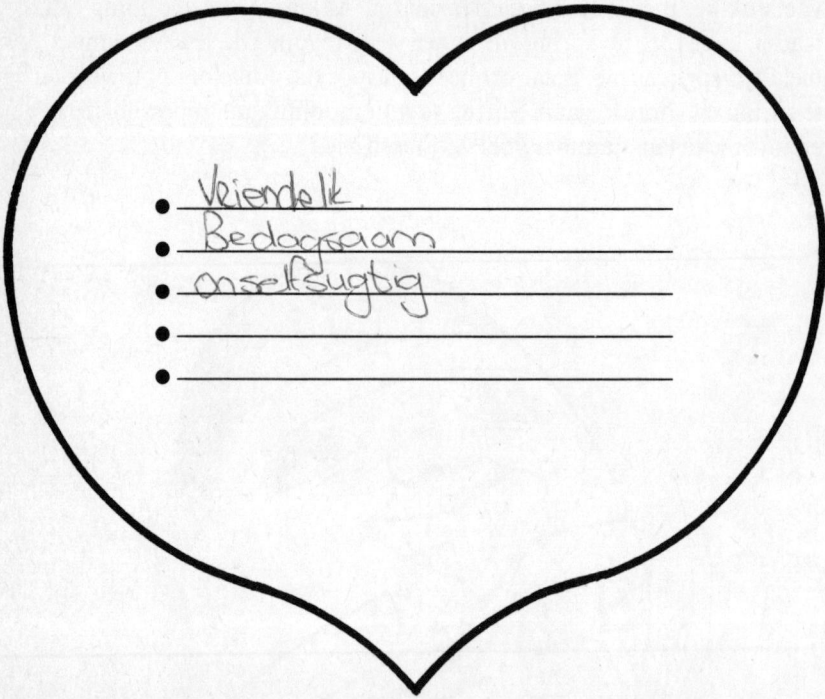

- Vriendelik
- Bedagsaam
- Onselfsugtig
- _____
- _____

Hier is nog 'n paar kenmerke van sulke mense:

♥ *'n Belangrike eienskap van sulke mense is dat hulle daarin slaag om hulself in 'n ander se plek te plaas.* Hulle kry dit reg om te verstaan hoe die ander persoon voel en dink, met ander woorde hulle kan in 'n ander persoon se skoene gaan staan.

By so 'n persoon voel 'n mens altyd tuis, want jy weet hy verstaan jou. Omdat hy so fyn ingestel is op ander, voel hy gou aan wanneer jy hartseer, omgekrap, moeg, opgewonde of bly is.

♥ *Hierdie besondere mense sien positiewe eienskappe in ander raak en komplimenteer hulle daarop.* Hulle gee opregte waardering en lof aan ander, vanaf die verkoopsdame agter die toonbank tot by die man wat die vullis verwyder.

♥ *Jy voel veilig by sulke mense omdat hulle jou nooit belaglik laat voel nie.* Ook weet jy dat hulle jou nie bespotlik sal maak by ander mense nie.

♥ *Hulle doen moeite om ander mense se name te onthou,* want 'n naam is vir hulle baie belangrik. Dink maar hoe krap dit jou om as 'n onderwyser, nadat jy al ses maande in sy klas is, nie jou naam kan onthou nie. Of nog erger, as jy by 'n meisie kuier en haar pa bly vir jou Gert sê as jou naam Kobus is!

♥ *Hierdie mense stel opreg belang in ander.* 'n Mens kan gou aanvoel as iemand werklik in jou belang stel, want so 'n persoon:
- laat jou voel dat hy tyd het om saam met jou te bestee;
- respekteer jou mening;
- vra uit oor jou bedrywighede en moedig jou aan om oor jouself te gesels;
- gee onverdeelde aandag aan jou en behou oogkontak terwyl julle gesels;
- onthou jou verjaardag en die soort koek/kos waarvan jy hou. (Dink maar hoe tuis voel 'n mens as jou ouma spesiaal kluitjies gebak het net omdat jy so baie daarvan hou. Kyk na die hoofstuk "Hou mense van jou?")

Evalueer jouself aan die hand van die volgende skaal: 5 – Baie goed; 4 – Goed; 3 – Gemiddeld; 2 – Ondergemiddeld; 1 – Swak.

a. Onthou jy meestal mense se name? 5

b. Stel jy opreg belang in ander? 4

c. Slaag jy dikwels daarin om jouself in 'n ander se posisie te plaas? 4

d. Gee jy gereeld opregte lof en waardering aan ander? 4

e. Laat jy ander belangrik voel en nie belaglik nie? 4

Plaas *a* tot *e* se evaluering in die toepaslike skaalbak hieronder.

NEGATIEF
POSITIEF
1 en 2
4 en 5

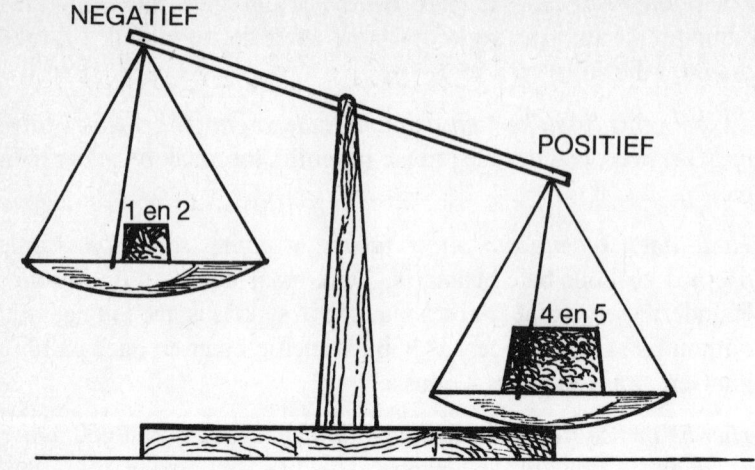

Is jóú skaal uit die ewewig?

Onthou:

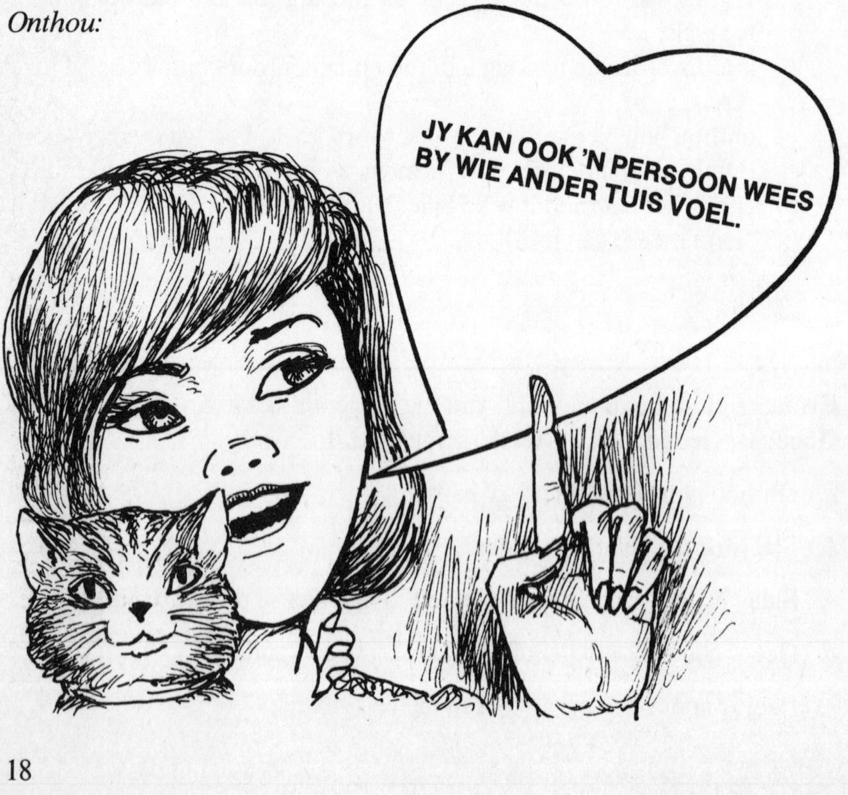

JY KAN OOK 'N PERSOON WEES
BY WIE ANDER TUIS VOEL.

3
Kommunikasie is 'n kuns

Dink 'n bietjie na oor jou frustrasies (dit wil sê irritasies, probleme, misverstande, gevoelens van veronregting) gedurende die afgelope paar weke. Maak 'n lys daarvan hieronder:

- *Charmain wat jok*
- *Johan almoet*
- *Dot*
-
-
-
-

Kyk nou weer na die lys en bepaal hoeveel van hierdie frustrasies aan gebrekkige kommunikasie toegeskryf kan word. Met ander woorde, watter frustrasie of gevoel van veronregting sal jy toeskryf aan die feit dat jy en die ander persoon by mekaar verbygepraat of mekaar nie verstaan het nie?

Gevolgtrekking?
Ja, goeie kommunikasie kan groot voordeel vir die mens inhou. Aan die ander kant is swak kommunikasie baie nadelig.

Dit is 'n feit dat 'n mens nie met die vermoë om effektief te kan kommunikeer, gebore word nie. Dít, soos byna alle ander vaardighede, moet aangeleer en deurlopend geoefen word.

| Die belangrike vraag is: Hoe goed is jóú kommunikasievaardighede? |

Om dít te bepaal, moet jy hierdie kort vraelys *eerlik* beantwoord. Maak 'n X oor die letter wat jou antwoord die beste weerspieël en ken daarna punte toe volgens die gegewe skaal.

1 Wat doen jy gewoonlik wanneer jy in 'n argument betrokke is?
   (a) Val die persoon aan en verkleineer hom
   (b) Onttrek jou en bly eenvoudig stil
   (c) Vra jouself af waar jy gefouteer het en probeer aan 'n oplossing werk

2 Hoe dikwels bots jy met jou ouers of vriende?
   (a) Dikwels
   (b) Soms
   (c) Selde

3 Hoe tree jy gewoonlik op as jou vriend/vriendin kwaad raak?
   (a) Ignoreer hom/haar
   (b) Verdedig jouself
   (c) Probeer vasstel hoekom hy/sy so voel

4 Kritiseer jy mense maklik?
   (a) Ja
   (b) Nee

5 Vind jy dit oor die algemeen moeilik om jou gedagtes in woorde om te sit?
   (a) Ja
   (b) Nee

6 Is jy gewoonlik bereid om jou standpunt te verander indien dit blyk dat jy verkeerd is?
   (a) Ja
   (b) Nee

7 Is jy gewoonlik bereid om jou in 'n ander se posisie in te dink om die ander persoon beter te kan verstaan (met ander woorde, is jy empaties ingestel teenoor ander)?
   (a) Ja
   (b) Nee

8 Is jy oor die algemeen 'n geduldige luisteraar?
   (a) Ja
   (b) Nee

Punteskaal:

		punte	Interpretasie
Vrae 1-3	(a)	3	*Minder as 12:* Jy is op die regte pad. Bou daarop voort.
	(b)	2	
	(c)	1	*Meer as 12:* Hoe hoër jou punt, hoe harder sal jy aan 'n beter kommunikasievermoë moet werk. Wend 'n daadwerklike poging aan!
Vrae 4-5	(a)	2	
	(b)	1	
Vrae 6-8	(a)	1	
	(b)	2	

Wat is kommunikasie?

Kommunikasie (om met mekaar te praat) is 'n vereiste vir menswees. Daarsonder kan ons nie bestaan nie. Ons kommunikeer deur woorde (verbale kommunikasie) en *veral* ook deur ons houding, gesindhede en optrede (nie-verbale kommunikasie of lyftaal). Dikwels hoef ons niks te sê nie – ons lyftaal sê alles.

Verder kan kommunikasie een- of tweerigting wees. Eersgenoemde kan soos volg voorgestel word:

Laasgenoemde kan weer soos volg voorgestel word:

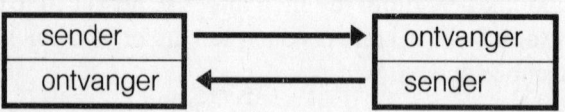

Die ideale kommunikasiestyl

Dit hang af van die situasie, die boodskap en die persone wat betrokke is. Soms moet ek byvoorbeeld eenrigtingkommunikasie gebruik en alleen praat. (Byvoorbeeld wanneer ek as rugbykaptein moet besluit of die span pale toe moet skop of met die bal moet hardloop. Die situasie vereis dit.)

Hierdie kommunikasiestyl het egter baie nadele. Kan jy aan enkeles dink? Skryf dit hieronder neer.

- _____
- _____
- _____
- _____
- _____

Die volgende oefening illustreer duidelik die nadele van eenrigtingkommunikasie:

Sonder om jou pa of ma die onderstaande skets te wys of die woorde televisie, son, boom, blom of lugdraad te sê, moet een van hulle dit teken bloot op grond van dít wat jy verbaal aan hulle sê of verduidelik. Hulle mag dus geen vrae vra nie – dit is mos eenrigtingkommunikasie.

Vergelyk nou jou pa of ma se skets met die oorspronklike hierbo.

Gevolgtrekking?
Die ideaal is dus tweerigtingkommunikasie waar dít wat jy sê (verbale

23

kommunikasie) ook gestaaf word deur jou houding, gesindhede en optrede (nie-verbale kommunikasie of lyftaal) en waar jy nie net die *sender* is nie, maar ook die *ontvanger* (kyk weer na die diagram).

Ongeag die situasie bly een vaardigheid 'n vereiste, naamlik die vermoë om reg te kan *luister*. Alle effektiewe kommunikeerders het dit gemeen.

Kom ons verbeter die situasie!

Daar is mos altyd ruimte vir verbetering.

Indien tweerigtingkommunikasie, waar verbale en nie-verbale inhoude in hoë mate ooreenstem, die ideaal is, wat in jou eie lewe – en die lewe van jou gesinslede – ervaar jy as hindernisse in dié verband? Wees spesifiek en skryf dit in die ruimtes hieronder neer na aanleiding van die voorbeeld:

By jouself Naam: Gert	By jou pa Naam:	By jou ma Naam:	By jou broer(s) en suster(s)
Ek val ander te dikwels in die rede	Pa lees koerant terwyl ek praat	Ma is te besig om te luister	Hulle stel net in hulle eie dinge belang
•			
•			
•			

Probeer om stelselmatig aan hierdie hindernisse aandag te gee, en ervaar dan hoe kommunikasie 'n genot word! Onthou, binne jou gesin kan jy regtig leer om effektief te kommunikeer en dít berei jou ook voor vir die wêreld daarbuite.

DIT BLY EGTER 'N LEWENSLANGE PROSES. STERKTE EN VOORSPOED HIERMEE!

4
Luister is belangrik

Dit is darem lekker as iemand werklik na jou luister, nè! Om 'n goeie luisteraar te wees is 'n kuns.

Die wêreld het 'n groot behoefte aan mense wat minder praat, minder raad gee, maar bereid is om na ander te luister.

Sielkundiges stem saam dat baie van hul pasiënte na hulle toe kom bloot om iemand te hê wat bereid is om te luister. Mense wat egskeidings beleef het, jeugmisdadigers, dwelmmisbruikers en mense wat selfmoord probeer pleeg het, verwys dikwels na die feit dat "niemand wou luister nie".

Ons is seker dat jy ook in dié verband wil groei. Om dít te kan doen, moet jy onder andere *drie* tegnieke aanleer.

Luister na en begryp dít wat mense probeer sê met hul houding en gesigsuitdrukkings

Watter boodskap gee mense deur middel van die volgende?

* Liggaamsgedrag soos houding, bewegings en gebare.
* Gesigsuitdrukkings soos 'n frons, glimlag, optrek van wenkbroue, saampers van lippe, ensovoorts.
* Stemkwaliteite soos **stemtoon**, toonhoogte, intensiteit, klem, stiltes, spoed van spraak, ensovoorts.
* Algemene versorging en voorkoms.

Hierdie nie-verbale gedrag of lyftaal is meer spontaan as die verbale. As jy 'n goeie luisteraar wil wees, moet jy onthou dat nie-verbale gedrag:

* kan bevestig wat verbaal gesê is. 'n Persoon wat sê hy voel sleg, kan ook bleek lyk.
* kan ontken wat verbaal gesê is. 'n Persoon kan sê hy is nie skaam nie, maar tog bloos en gespanne lyk.
* kan beklemtoon wat verbaal gesê is. 'n Persoon kan sê dat sy werk tydverkwisting is en papiere neergooi.

Luister na en begryp wat die spreker verbaal sê

Wanneer mense oor hulself praat, verwys hulle na hul *ervarings, gevoelens en gedrag*. As jy 'n goeie luisteraar wil wees, moet jy op al drie hierdie aspekte konsentreer. Dit beteken verder:

* Jy moet al die woorde hoor wat die spreker sê.
* Jy moet die voor-die-hand-liggende informasie wat die spreker gee, verstaan.
* Jy moet onbekende woorde en begrippe se betekenisse probeer aflei uit die konteks waarbinne dit gebruik word.
* Jy moet verstaan wat geïmpliseer word sonder dat dit in soveel woorde gesê word – "tussen die reëls lees".
* Jy moet die graad van formaliteit of gevoel waarmee die spreker praat, kan aflei.

Luister na en begryp die persoon self

Al hierdie tegnieke het een vereiste gemeen: 'n Goeie luisteraar moet voortdurend *aandag* skenk sodat die persoon agter die boodskap begryp en dus werklik gehoor word!

As jy werklik aandag skenk wanneer iemand praat, gebeur twee belangrike dinge:

* Dit gee aan die spreker te kenne dat jy mét hom is en moedig hom aan om voort te gaan.
* Dit stel jou in die posisie om 'n goeie luisteraar te wees.

Ten slotte

Om bloot na die spreker te luister en aandag te skenk, is egter nie genoeg nie. Jy moet dit ook wys of demonstreer deur middel van jou eie verbale en nie-verbale boodskappe. In hierdie verband kan die volgende moets en moenies in gedagte gehou word:

* Moenie die gesprek oorheers met jou eie pratery nie.
* Moenie die spreker gedurig in die rede val nie.
* Moenie passief sit sonder om te reageer nie.
* Gee aandag aan alle boodskappe wat jy ontvang en oordink dit deeglik.
* Reageer ook as jy nie saamstem nie, want sprekers verwag soms negatiewe reaksie.
* Moenie vrae vra wat wys dat jy nie eintlik aandag gee nie.
* Moenie laat blyk dat jy die spreker se standpunt as onbelangrik of onnosel beskou nie.
* Moenie net maak asof jy luister nie.
* Moenie dat jou eie emosies die oorhand kry oor jou rede nie.
* Moenie deur middel van jou liggaamstaal mense van stryk bring nie.
* Maak oogkontak en leun effens na die spreker toe.
* Moenie doelloos rondstaan en êrens heen staar nie.
* Wees gemaklik en ontspanne sonder om "slap" te lyk.
* Wees sensitief en bewus van die wêreld om jou.

Jou teenwoordigheid as luisteraar moet dus ook van 'n goeie kwaliteit wees om van jou 'n goeie luisteraar te maak.

Dit is nou jou taak om hierdie luistervaardighede te gaan oefen tydens gesprekke, lesse en waar jy ook al gaan met die doel om te luister. Jy sal verbaas wees oor die hoeveelheid bevrediging en genot wat jy daaruit kan put om 'n goeie luisteraar te wees.

Iemand het hierdie waar woorde geskryf:

Die tien gebooie vir 'n goeie luisteraar

1 Hou op met praat.

2 Stel die spreker op sy gemak.

3 Wys dat jy wil luister.
   Luister om te verstaan, eerder as om te antwoord.

4 Ruim gedagtesteurings uit die weg.

5 Empatie – probeer sy punt insien.

6 Wees geduldig – daar is genoeg tyd.

7 Beteuel jou humeur.

8 Moenie te veel argumenteer en kritiseer nie.

9 Vra vrae.

10 Hou op met praat.

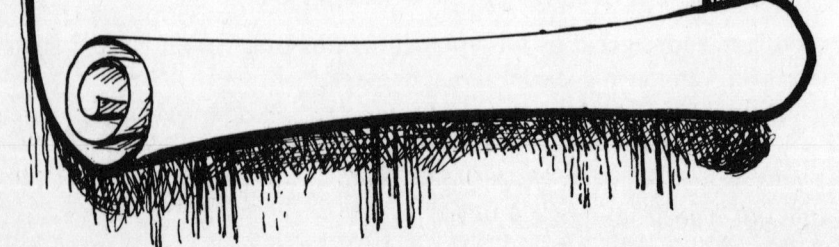

5
Is jy 'n aanvaarbare mens?

Dink aan 'n paar vereistes (eienskappe) waaraan 'n persoon moet voldoen voordat hy/sy vir jou aanvaarbaar sal wees. Skryf dit hieronder neer (een eienskap op elk van die 5 trappe):

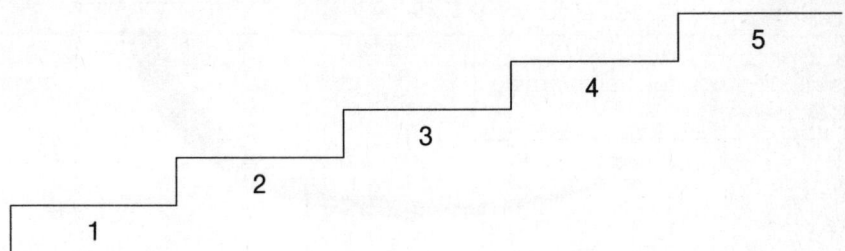

Wat is werklik die vereistes om *self* vir ander mense aanvaarbaar te wees? Oorweeg gerus die volgende:

* Veronderstel jy kan wens om iemand anders te wees, presies wie sou jy graag wou wees? (Wees eerlik.) Skryf die naam van hierdie persoon in die dinkwolk neer.

Sielkundiges beweer dat indien jy nie eers *jouself aanvaar* nie, ander mense jou ook nie maklik sal kan aanvaar nie. Indien jy dus 'n ander naam as jou eie in die dinkwolk ingevul het, kan jy van nou af gerus meer aandag gee aan selfaanvaarding. Dit kan skematies só voorgestel word:

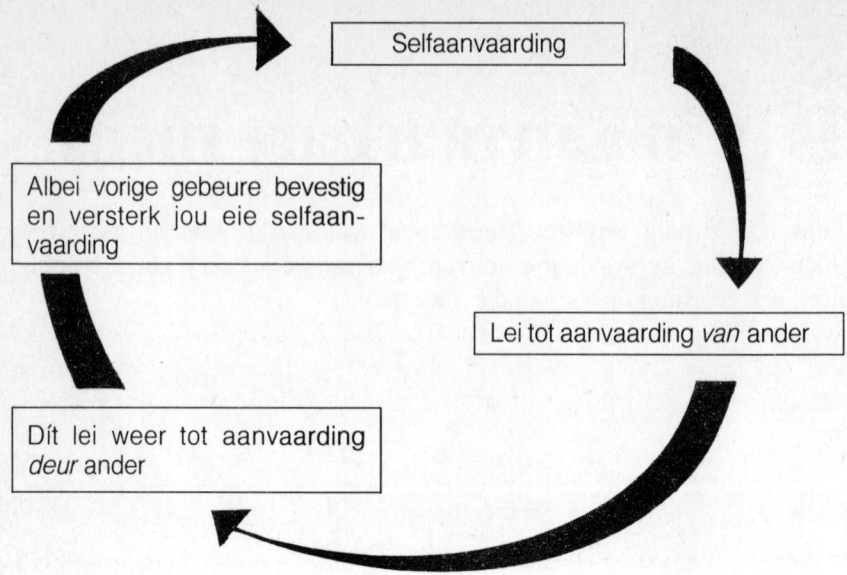

Begin dus deur jouself te **aanvaar**. Dit is 'n deurlopende proses!

* Jy kan ook *jouself beoordeel* volgens die eienskappe wat jy in ander mense verwag (soos jy **heel aan** die begin neergeskryf het), en deur daadwerklik te **begin werk aan** daardie eienskappe waarin jy te kort skiet. Herhaal hierdie **oefening** gereeld.

> Aanvaar jouself, maar **werk** deurgaans aan daardie eienskappe in jou wat jou vir ander **mense** minder aanvaarbaar maak.

> Almal dink **daaraan** om die mensdom te verander, en niemand dink daaraan om hulself te **verander** nie – Leo Tolstoi

Hier is 'n paar eienskappe **wat jou vir** ander mense minder aanvaarbaar mag maak:

* norsheid
* 'n gedurige gesnuif

* mense gedurig in die rede val
* alles opponeer
* 'n slegte liggaamsreuk
* beterweterigheid
* om altyd laat te wees
* vergeetagtigheid
* in jou neus krap
* vuil naels, ensovoorts.

In aansluiting by wat hierbo genoem is, kan jy die beginsels onderliggend aan die sogenaamde Johari-venster oorweeg. Reeds in 1955 het twee Amerikaanse sielkundiges, **Joe Luft** en **Harry Ingram**, selfkennis soos volg voorgestel:

	Bekend aan my	Onbekend aan my
Bekend aan ander	**1 Oop/vry** Daardie eienskappe waarvan jy én ander bewus is. Jy en ander weet byvoorbeeld dat jy 'n goeie sin vir humor het.	**2 Blind** Dít wat ander in jou raaksien, maar jy self nie raaksien nie. Jy irriteer byvoorbeeld mense omdat jy altyd grootpraat, maar jý is nie daarvan bewus nie.
Onbekend aan ander	**3 Verborge** Daardie eienskappe wat aan jou bekend is, maar waarvan niemand anders weet nie. Jy het miskien eenkeer gesteel, maar niémand weet dit nie.	**4 Onbekend** Daardie eienskappe waarvan nie jy of ander weet nie. Jy het dalk skryftalent, maar niemand is daarvan bewus nie.

Volgens dié twee sielkundiges is die ideaal dat die oop- of vry-area so groot moontlik uitgebrei sal word. Dit kan onder andere soos volg bereik word:

* Deur selfopenbaring, deur ander persone meer oor jouself te vertel. Die vertikale lyn skuif dus laer, want die verborge area (3) word kleiner.
* Hierdeur skep jy 'n gunstige klimaat sodat ander mense groter vrymoedigheid sal hê om jou meer oor jouself te vertel. Die horisontale lyn skuif dan na regs, want die blinde area (2) word kleiner. In die proses word die onbekende area (4) dus kleiner en leer jy meer oor jouself. (Kyk ook na die hoofstuk: "Hou mense van jou?")
* Dus, hoe "oper" jy is, hoe minder "blind" en "verborge" is jy as mens en hoe beter leer jy jouself ken en aanvaar ander mense jou ook makliker.

> Soos jy deurlopend aan jou selfaanvaarding werk en ook daadwerklike pogings aanwend om die positiewe selfontdekkings uit te bou en die negatiewes teë te werk, word jy al hoe meer aanvaarbaar vir ander. Dit is 'n **lewenslange proses**!

6
Ek gesels met volwassenes

Was jy al in 'n situasie waar jy met volwassenes moes gesels en jy nie geweet het wat om te sê nie? Dit kan wees dat jy tussen jou vriende baie maklik gesels, maar as jy met hulle ouers of ander grootmense 'n gesprek moet voer, wil dit net nie vlot nie. Die gesprek klink dikwels so:

Volwassene: Dit is darem 'n pragtige dag, nie waar nie? Herfs is vir my die mooiste seisoen.
Jy: Ja, dit is.
(Ongemaklike stilte)
Volwassene: Julle het verlede Saterdag 'n sterk span teen julle gehad. Dink jy die skeidsregter was bevooroordeeld?
Jy: Nee wat.
(Stilte)

Om gesprekke met volwassenes gemakliker te laat verloop, moet jy dit byna soos 'n stel tennis beskou waar die bal heen en weer oor die net geslaan word. Met ander woorde, jy moenie die bal by jou laat doodgaan nie, maar met dít wat jy sê, die bal weer oor die net terugslaan en in die ander persoon se baan plaas. Bogenoemde voorbeeld sou dan miskien só kon klink:

Volwassene: Dit is darem 'n pragtige dag, nie waar nie? Herfs is vir my die mooiste seisoen.
Jy: Ja, die dae is regtig lekker, nie te warm of te koud nie. Dit is lekker om buite te wees en te oefen, en dit reën ook nog nie so baie nie.
Volwassene: Ek hoor julle tennisspelers oefen so hard deesdae. Hoe gaan dit met die nuwe afrigter?

Nog 'n voorbeeld:

Volwassene: Julle het verlede Saterdag 'n sterk span teen julle gehad. Dink jy die skeidsregter was bevooroordeeld?
Jy: Nee. Ek dink die probleem was dat ons nog nie fiks genoeg is nie.
Volwassene: Julle moet miskien vroeër in die seisoen begin oefen. Dit neem 'n rukkie om die vakansie uit 'n mens se sisteem te kry.

Op hierdie manier word dit baie makliker om die gesprek te laat vlot. 'n Kortaf ja of nee van jou kant is baie ontmoedigend. Onthou ook dat oogkontak met die ander persoon aan hom of haar die boodskap oordra dat jy graag wil gesels. Indien jy van senuweeagtigheid op die grond of in die lug kyk en nie na die volwassene toe nie, mag dit die boodskap oordra dat jy nie graag wil gesels nie.

Dit mag dalk ook gebeur dat jy die gesprek aan die gang moet kry. Met ander woorde, jy moet afslaan om die bal in die spel te kry. Die maklikste manier om 'n gesprek te begin, is om te praat of vrae te vra oor iets waarin die ander persoon belang stel. Byvoorbeeld:

* "Ek sien Tannie se rose is gesnoei. Hulle het baie mooi geblom vanjaar."

* "Hoe lyk dit met vanjaar se lammeroes, Oom?"

* "Wat het Ma alles vanoggend gedoen terwyl ek by die skool was?"

Onthou:

> Dit kan baie interessant wees om met volwassenes te gesels. Die meeste volwassenes is nie krities of afbrekend teenoor tieners nie, maar stel opreg belang.

Toets hierdie stelling deur die tegnieke wat hierbo bespreek is te gebruik in jou gesprekke met volwassenes. Begin met jou maats se ouers of julle bure. Jy sal vind dat bostaande stelling in die meeste gevalle waar is. Sulke gesprekke mag ook vir jou baie interessant en van groot waarde wees. Jy mag op dié wyse 'n waardevolle nuwe vriend of vriendin ryker word.

VOLWASSENES IS OOK MENSE

(Kyk ook na die hoofstuk "Kommunikasie is 'n kuns".)

7
Ek verskil van jou!

Situasie 1

Gert: Het jy gesien Willem en Joan gaan weer vas uit?
Ek: Jy misgis jou.
Gert: Sy het eergister self so gesê.
Ek: Hulle gaan beslis nie vas uit nie.
Gert: Ek sê hulle gaan wel vas uit.
Ek: Vanoggend het ek self gehoor hoe Joan sê sy is nou finaal klaar met Willem.
Gert: Dan is jy seker reg.
Ek: Ek weet mos waarvan ek praat!

Ontleding:
Ek het nou wel die argument gewen, maar het dalk meer aan goedgesindheid verloor. Al erken my vriend dat ek reg en hy verkeerd is, is dit nie vir hom aangenaam om dit te aanvaar nie, veral nie die manier waarop ek die gesprek gevoer het nie. Hy kan miskien verneder of verkleineer voel, al het ek dit nie so bedoel nie. So wen 'n mens dikwels 'n argument, maar verloor daardeur vriendskap of goedgesindheid. So verloor jy eintlik meer as wat jy wen. Het jy al van hierdie grafskrif gehoor?

> Here lies the body of William Jay who died maintaining his right of way – he was right, dead right, as he sped along, but he's just as dead as if he were wrong.

Watter *les* kan ek dus uit bostaande gespreksituasie leer?

> Moenie oormatig hard probeer om te bewys dat jy reg is nie. In jou pogings om dit te doen, kan jy dalk meer verloor as wat jy wen. Bring liewer die argument tot 'n einde met iets soos die volgende: "Dit is my eerlike oortuiging dat dit so is, maar ek wil liewer nie daaroor stry nie."
>
> Omdat die ander persoon nou nie voel hy het verloor nie, kan hy meer toegeneë tot jou voel. Goeie maniere sal maak dat mense van jou hou. So wen jy meer as wat jy verloor!

Situasie 2

Dirk: Wat was die eindtelling – 25:6?
Ek: Verkeerd! Dit was 21:6. Die laaste een was nie 'n drie nie.
Dirk: Dit was wel een. Sy momentum het hom oor die lyn gedra.
Ek: Verkeerd! Daar was wel momentum by betrokke, maar toe hy met die bal tot stilstand kom, was hy nog duskant die doellyn.
Dirk: Hoe weet jy dit?
Ek: Die skeidsregter het nie 'n vervyfskop toegelaat nie. Erken maar jy's verkeerd.

Ontleding:
Om vir 'n persoon sommer in sy gesig te sê hy is verkeerd, bring verwydering, is moeilik om te sluk en klink of jy baie van jouself dink. Die woord "verkeerd" mag dalk vir jou medeskolier soos 'n oordeel klink. Dit kan veroorsaak dat hy wrewelrig teenoor jou voel. "Verkeerd" is te reguit, te skerp, te ongevoelig. Mense vermy die "altyd reg"-persoon. Dit is nie aangenaam om met so iemand te kommunikeer nie, want hy oorheers gewoonlik die gesprek. Hy is hinderlik vir ander mense. Lord Chesterfield het op 'n keer gesê: "Be wiser than other people, if you can; but do not tell them so."

☞ *Les?*

> Vermy die woorde "Jy is verkeerd". Wees meer tegemoetkomend en begrypend deur eerder soos volg te reageer:
> * Dit is my eerlike mening. Ek is jammer dat dit van joune verskil.
> * Ons standpunte verskil, maar dit sal nie ons vriendskap benadeel nie.
> * Ek mag verkeerd wees, maar dit is my opinie.
> * Daar steek tog iets in wat jy sê.

Situasie 3

Joan: Hoekom was jy nie betyds nie? Ek het 'n halfuur gewag.
Ek: Ons afspraak was vir halfvier.
Joan: Jy't uitdruklik gesê drie-uur. Ek kan nog goed onthou dat jy drie vingers opgesteek het.
Ek: Jammer, ek is verkeerd. Ek vra om verskoning.
Joan: Vergeet dit.

Ontleding:
Deur te erken dat jy gefouteer het, ontlont jy die situasie en vermy 'n argument. Jou vriend(in) voel goed teenoor jou as jy grootmoedig genoeg is om om verskoning te vra en so wen jy meer as wat jy verloor!

☞ *Les?*

> Erken wanneer jy verkeerd is. Dit is geen skande nie. Dit is juis 'n teken van innerlike krag.

> There is only one way under high heaven to get the best of an argument – and that is to avoid it – Dale Carnegie

Waar so 'n argument egter jou beginsels raak, sal dit wel nodig wees om by jou standpunt te hou. Die argument sal dan wel plaasvind, maar jy kan jou kant van die saak beheersd, kalm en in goedgesindheid stel sonder om opsetlik 'n lelike reaksie uit te lok.

Situasie 4

Hier gaan dit om die *jy*-beskuldigings in plaas van die *ek*-boodskappe. Probeer in alle omstandighede die volgende beskuldigings vermy:

* *Jy* moes dit nie gedoen het nie.
* *Jy* wou mos nie luister nie!
* Daar het *jy* dit nou!
* Ek het mos gesê *jy* moenie!

Hierdie *jy*-beskuldigings lok opposisie uit omdat die opponent dit as 'n persoonlike aanval sien. Los dus die persoon (die *jy*) en sê liefs iets soos die volgende waar die saak of oortreding aangespreek word en nie die persoon nie:

* *Ek* voel dat hierdie soort optrede verkeerd is.
* Om so te maak, is volgens *my* nie goed nie.
* *Ek* kan my nie met hierdie optrede vereenselwig nie.
* 'n Argument soos hierdie kan *ek* nie ondersteun nie.

Skryf die *les*, soos jy dit sien, hier in die raam neer:

Onthou wat die *Woord* ons leer:
 'n Sagte antwoord keer die grimmigheid af en laat die woede bedaar.
 'n Krenkende woord laat die woede ontvlam.

Onthou ook dít oor *kritiek*:
 Niemand is volkome van kritiek gevrywaar nie. Dit is egter die blinde, vyandige soort kritiek wat afstoot en seer maak. Die sagte, taktvolle, konstruktiewe kritiek is die tipe kritiek wat nie beledig en iemand in die grond wil laat sink nie. Dit bou aan die mens se selfbeeld en wek toegeneentheid. Sterkte!

8
Uitgaan sonder sukkel

Het jy geweet dat om met iemand van die teenoorgestelde geslag uit te gaan ("dating") vir byna alle jong mense in die een of ander stadium probleme skep? Jy is dus nie alleen as jy soms antwoorde op die volgende vrae soek nie:

* Met wie moet ek uitgaan?
* Waarheen moet ons gaan?
* Waaroor gaan ons gesels?
* Wat moet ek aantrek?
* Hoeveel gaan dit kos?

Oorweeg gerus die volgende wenke. Dit kan jou help om jou volgende afspraak aangenaam en vlot te laat verloop.

Beplan die afspraak goed

Dink vooraf en beplan deeglik waarheen julle sal gaan. Spontane afsprake kan wel werk, maar dit moet die uitsondering wees en nie die reël nie. Vra jou maat/meisie lank genoeg voor die tyd. 'n Mens bel nie 'n meisie 'n halfuur voor die tyd nie. Indien jy iemand uitnooi en hy/sy sê nee, moet jy dit nie altyd as 'n belediging ervaar en besluit om nooit weer uit te gaan nie. Wees kreatief in jou planne. Moenie in 'n groef verval en elke keer na dieselfde plek gaan en dieselfde dinge doen nie. Wissel die plekke, tyd en aktiwiteite af. In jou beplanning moet jy ook dink aan die weer en die tyd wat die afspraak sal duur, sodat, as jy 'n seun is, jy jou vriendin betyds by die huis kan terugbesorg.

Neem die ander persoon in ag

Jy moet vooraf vasstel waarvan die ander persoon hou. Vir sommige ouens sal 'n balletopvoering baie vervelig wees, en om ure langs die see te staan en wag vir 'n vis om te byt, sal ook nie vir alle meisies na pret klink nie. 'n Meisie moet altyd uit 'n seun se optrede, taalgebruik en maniere voel dat hy haar in ag neem. 'n Meisie moet ook die seun wat haar uitneem, in ag neem en betyds wees vir die afspraak, waardering toon en nie die hele tyd kla oor die kelner of die weer nie.

Dra by tot interessante gesprekke

'n Seun het eendag opgemerk dat dit baie vervelig en vermoeiend is om 'n meisie uit te neem wat, al is sy ook baie aantreklik, die hele aand byna nooit iets sê en spontaan tot die gesprek bydra nie. Gesels oor dít wat die ander interesseer en moedig die ander persoon aan om oor hom- of haarself te gesels. Sorg ook dat jou algemene kennis groot is en lees gereeld die koerant sodat jy interessant kan saamgesels.

Wees net jouself

Moet nooit die persoon met wie jy uitgaan doelbewus probeer beïndruk nie – wees net jouself. Die doel van uitgaan is juis om mekaar beter te leer ken. Waarom dan anders probeer wees as wat jy werklik is? Op die lange duur is dit baie uitputtend en byna onmoontlik. Ontspan en wees net jouself.

Betrek ook soms ander

Wanneer julle in 'n groep uitgaan, is daar meer persone wat tot die gesprek kan bydra. 'n Mens kan ook iemand beter leer ken uit sy/haar optrede teenoor ander mense. Daar is mos die gesegde dat 'n meisie moet kyk hoe 'n seun teenoor sy ma optree, omdat dit 'n aanduiding is van hoe hy eendag teenoor sy vrou sal optree! Gaan uit saam met 'n ander groep, saam met familie of saam met 'n ander paartjie. Moet nie áltyd alleen uitgaan nie.

Hou koste in gedagte

As jy dink dat uitgaan altyd 'n fliek en 'n ete beteken, het ek goeie nuus vir jou. So 'n duur afspraak is glad nie nodig nie. Dit kan buitendien skadelik wees vir die finansies sowel as die figuur. Daar is soveel dinge wat nie 'n klomp geld kos nie dat dit nie nodig is om jou hele begroting te ruïneer nie. Wanneer 'n seun en meisie vas uitgaan, is dit ook heeltemal in orde dat die meisie soms betaal. Onthou, as julle werklik van mekaar hou, sal dit nie wees as gevolg van die hoeveelheid geld wat uitgegee word nie, maar wel as gevolg van die mooi eienskappe wat die een in die ander ontdek het. Onthou, 'n mens koop nie 'n meisie met geld nie. Daar is ander maniere waarop jy haar kan wen: met jou goeie maniere, korrekte optrede en jou persoonlikheid.

Vermy uitlokkende situasies

Vermy enige situasie waar dit vir jou moeilik sal wees om verantwoordelik en met selfbeheersing op te tree. Beskerm jouself en die persoon met wie jy uitgaan deur sulke plekke en situasies te vermy.

Hier is 'n paar voorstelle wat jou verder kan help met jou beplanning vir toekomstige afsprake:

Sportafsprake vir die aktiewes

Julle kan gaan gholf of miniatuurgholf, tennis of tafeltennis speel, gaan ysskaats, draf, stap of swem.

Moet egter nie té kompeterend raak om jouself te bewys nie en moenie te sleg voel wanneer jy verloor nie.

Buitelugaktiwiteite

Ry kano, vang vis, ry fiets of perd, klim berg, kyk na die sonsopkoms of -ondergang, hou piekniek, versamel skulpe, neem foto's van die natuur, maak 'n studie van voëls of veldblomme.

Goedkoop uitstappies

Gaan biblioteek toe, eet roomys, speel speletjies soos Monopoly, Krabbel of Pictionary, besoek die dierewinkel, bou 'n legkaart, maak springmielies, speel kitaar, was die hond, kyk deur ou foto-albums, studeer.

Opdrag:

Beplan wat julle kan doen vir minder as vier rand en nie verder as twee kilometer van die huis af nie.

Vir die nuuskieriges: Leer nuwe dinge

Leer nuwe dinge deur saam na toneelopvoerings, musiekkonserte, museums en kunsuitstallings te gaan. Leer saam pistoolskiet of leer 'n nuwe taal.

Afsprake saam met ander persone

* Besoek saam jou oupa en ouma of 'n ouer of siek persoon.
* Gaan saam met julle ouers uit (dit is veral nuttig wanneer vervoer 'n probleem is).
* Gaan saam met 'n ander paartjie of 'n groep maats uit.
* Doen Bybelstudie saam met 'n groep Christenvriende.
* Maak en eet ontbyt saam met 'n paar vriende.

Soos met byna alle dinge is daar voor- én nadele aan vas uitgaan verbonde.

Van die *voordele* is:

* Jy kan 'n dieper vriendskap met 'n ander persoon opbou.
* Jy hoef nie elke keer te dink wie om saam te vra na 'n funksie nie.
* Omdat die ander persoon jou ken en aanvaar, kan jy meer ontspan en jouself wees.
* Julle kan mekaar geestelik opbou deur goeie kommunikasie.

Moontlike *nadele* is:

* Daar is die gevaar dat een van die paar besitlik en jaloers kan word.
* Jy is meer kwesbaar, want as die verhouding verbreek word, mag jy

seerkry. (Kyk ook na die hoofstuk "Wat maak ek met 'n liefdesteleurstelling?")
* Die een kan die ander as vanselfsprekend begin aanneem/beskou.
* Julle mag mekaar se groei belemmer of verhinder, want groei kom juis deur blootstelling aan verskeie mense. Die verhouding beperk jou interaksie met ander persone.
* Julle verhouding kan te fisiek raak.

AAN DIE SEUNS
Hoeveel van die volgende het jy gedoen die vorige keer toe jy 'n meisie uitgeneem het?

* Het jy haar vroegtydig genooi?
* Was die afspraak goed beplan?
* Was jy betyds volgens afspraak?
* Het jy opgestaan toe sy/haar ouers die vertrek binnegekom het?
* Het jy met haar ouers gesels?
* Het jy aan die straat se kant gestap en deure vir haar oopgemaak?
* Het jy jou daarvan weerhou om oor die koste te praat?
* Was jy ontspanne en net jouself?
* Was die meisie op die afgesproke tyd weer by die huis?

AAN DIE MEISIES
Watter van die volgende het jy onthou toe jy die vorige keer uitgeneem is?

* Was jy gereed op die afgesproke tyd?
* Het jou kleredrag by die geleentheid gepas?
* Het jy bygedra tot die gesprek?
* Het jy net oor jouself gepraat?
* Was jy spontaan en ontspanne?
* Was jy 'n vriendin of 'n flerrie?
* Het jy opreg dankie gesê vir die afspraak?

GENIET JOU VOLGENDE AFSPRAAK

9
Respek vir seks

Wat is gewoonlik jou eerste reaksie as jy die woord "seks" sien of hoor?

Skryf jou eerlike antwoord hier neer.

* Indien jou reaksie(s) ongemaklik vir jou was, oorweeg dan die volgende moontlike rede daarvoor: Miskien reageer jy so juis omdat baie mense (ook volwassenes) seks deesdae sien as 'n half skelm manier om 'n bietjie plesier te hê. Kyk maar gerus na die heersende tema in baie TV-programme.

* Indien die TV, baie volwassenes en heelwat skoolmaats dus die waarheid in dié verband verdraai, watter standpunt kan jy vertrou? Wel, die *Bybel* was nog altyd baie spesifiek en duidelik hieroor! Lees Genesis 2:18-24 en 1 Timoteus 4:4. Skryf die kernboodskappe van hierdie gedeeltes in die ruimte hieronder neer:

ONS HET DIE REG OM NEE TE SÊ
JESUS SAYS DON'T GIVE IN
WAIT FOR THE RING
GO PET THE DOG NOT US
Sê tog AIKÔNA
PAS JOUSELF !OP!

* Dit is die Bybelse standpunt. Die nie-Bybelse standpunt behels onder andere:

$$\boxed{\text{Liefde} = \text{Seks}}$$

So misbruik mense dikwels ander se gevoelens: "As jy my regtig liefhet, sal jy dit toelaat!"

In Engels (veral oor TV en in rolprente) word "making love" dikwels gelykgestel aan geslagsgemeenskap, maar in werklikheid kom dit neer op "making babies".

Geen wonder dat jy verward en nie altyd seker is oor wat reg en verkeerd is nie!

* Bestudeer verder die volgende *seksuele besluitnemingsmodel:*

Jy is die een wat oor jou eie liggaam besluit. Jy kan (voor jou huwelik) net een van twee moontlike alternatiewe kies, naamlik:

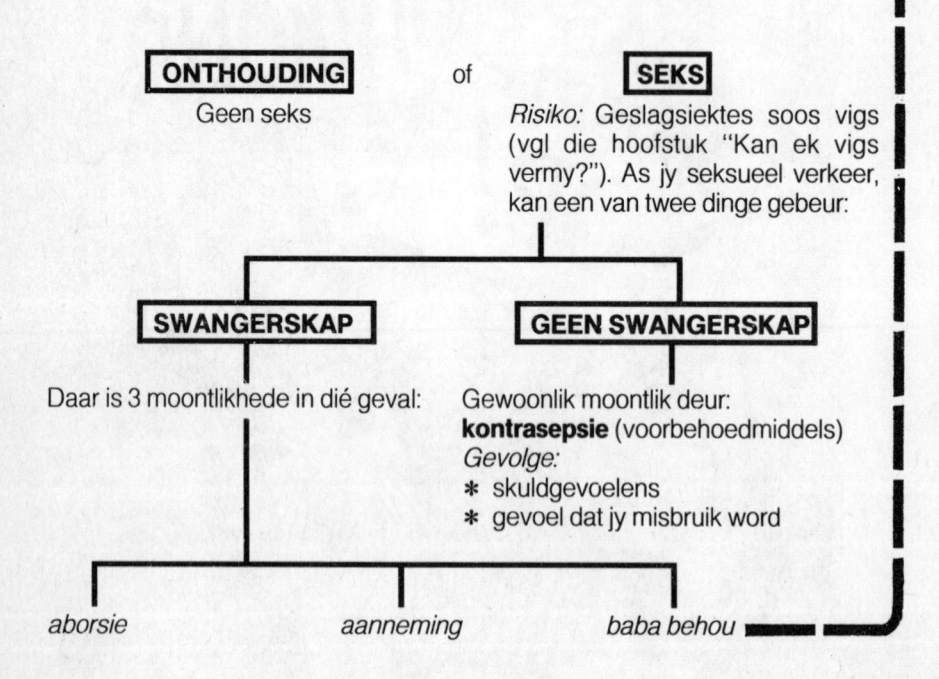

ONTHOUDING of **SEKS**

Geen seks

Risiko: Geslagsiektes soos vigs (vgl die hoofstuk "Kan ek vigs vermy?"). As jy seksueel verkeer, kan een van twee dinge gebeur:

SWANGERSKAP **GEEN SWANGERSKAP**

Daar is 3 moontlikhede in dié geval:

Gewoonlik moontlik deur: **kontrasepsie** (voorbehoedmiddels)
Gevolge:
* skuldgevoelens
* gevoel dat jy misbruik word

aborsie   aanneming   baba behou

aborsie   *aanneming*   *baba behou*

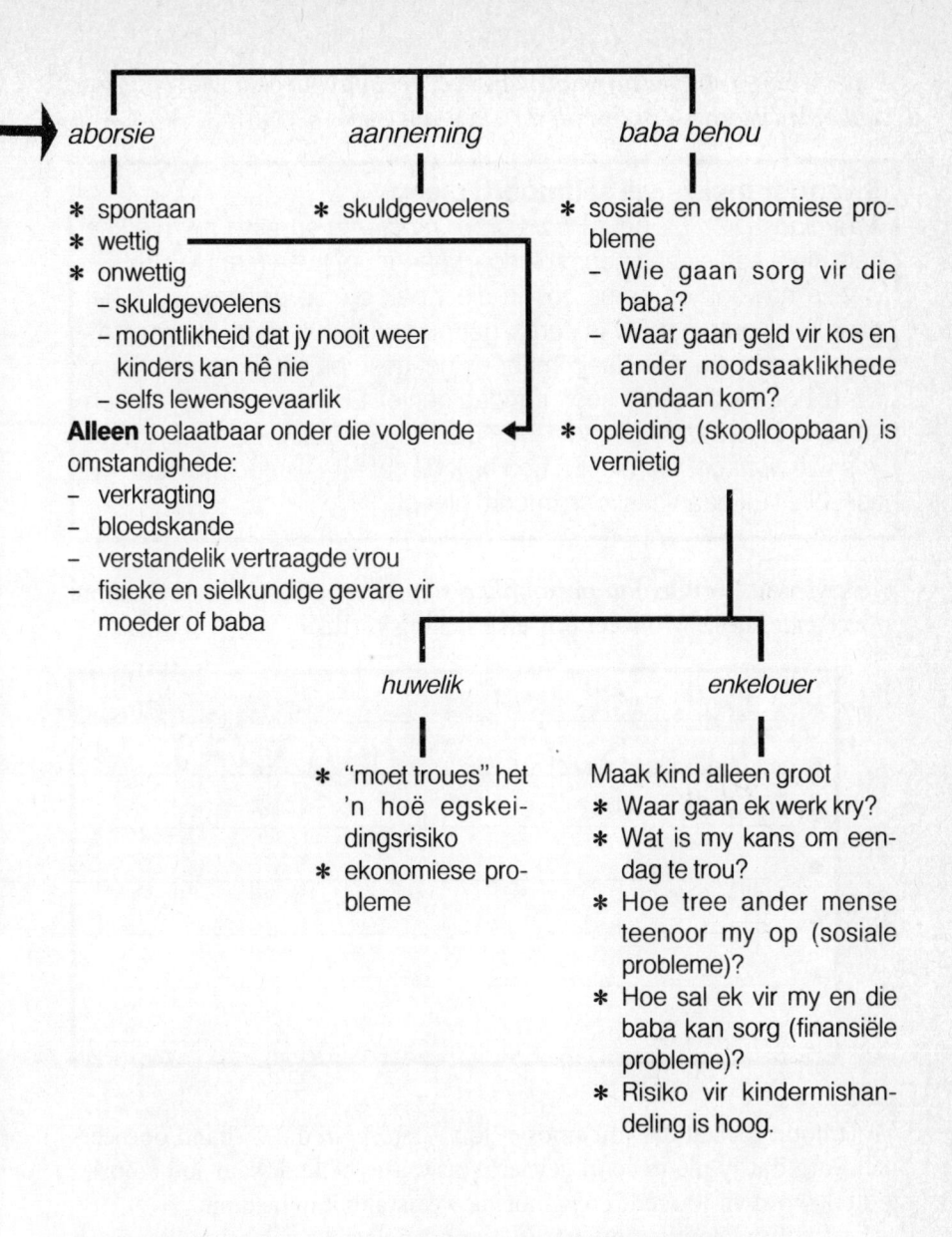

* spontaan
* wettig
* onwettig
  - skuldgevoelens
  - moontlikheid dat jy nooit weer kinders kan hê nie
  - selfs lewensgevaarlik

Alleen toelaatbaar onder die volgende omstandighede:
- verkragting
- bloedskande
- verstandelik vertraagde vrou
- fisieke en sielkundige gevare vir moeder of baba

* skuldgevoelens

* sosiale en ekonomiese probleme
  - Wie gaan sorg vir die baba?
  - Waar gaan geld vir kos en ander noodsaaklikhede vandaan kom?
* opleiding (skoolloopbaan) is vernietig

huwelik   *enkelouer*

* "moet troues" het 'n hoë egskeidingsrisiko
* ekonomiese probleme

Maak kind alleen groot
* Waar gaan ek werk kry?
* Wat is my kans om eendag te trou?
* Hoe tree ander mense teenoor my op (sosiale probleme)?
* Hoe sal ek vir my en die baba kan sorg (finansiële probleme)?
* Risiko vir kindermishandeling is hoog.

* Oorweeg ook die volgende skokkende statistiese gegewens:
  - Tans is meer as 20% van alle vroue wat geboorte skenk by die Tygerberg Hospitaal ongehude, adolessente dogters.
  - Suid-Afrika het die hoogste persentasie buite-egtelike geboortes ter wêreld.

Is jy bereid om verantwoordelikheid te aanvaar vir die volgende wanhopige gedrag soos ons dit in 'n koerant gelees het?

> **Swanger meisie wil selfmoord pleeg**
> *Naamloos* (12): Ek het *'n baie groot probleem* en as u my nie kan help nie, gaan ek selfmoord pleeg – sonder om twee maal te dink. Ek is elke naweek en soms ook in die week by die diskoteek. Ek het daar 'n ou ontmoet. Hy is dertig, getroud en het kinders. Hy wou my betaal om by hom te slaap, maar ek het gesê ek sal dit verniet doen. Dis al hoe ek die regte soort aandag geniet. Ek is baie lief vir hom en sou weer tyd saam met hom wou deurbring, maar *ek het nooit weer iets van hom gehoor* nie. En nou blyk dit dat ek *swanger* is! Help my, asseblief! Ek gaan beslis selfmoord pleeg!

* Skryf nou kortliks *jou persoonlike standpunt* oor seks in die ruimte hieronder neer. Motiveer ook elke stelling kortliks.

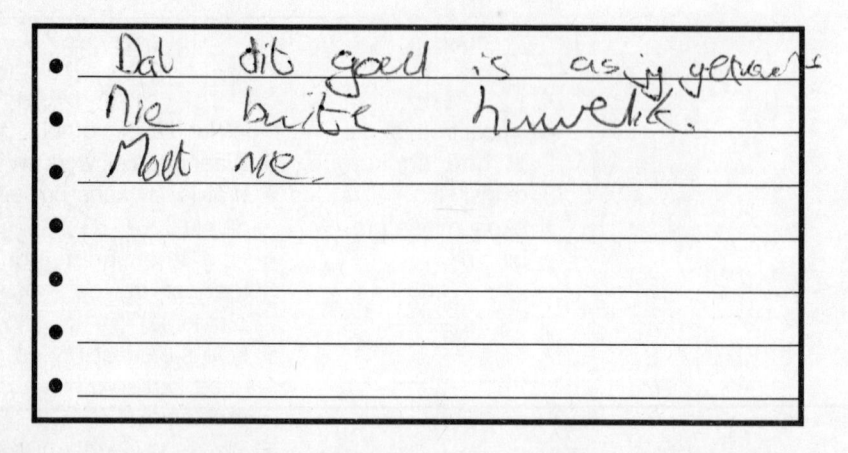

- *Dat dit goed is as jy getroud*
- *Nie buite huwelik.*
- *Moet nie*
-
-
-
-

Moet nooit toelaat dat jou emosies jou *verstand* in dié verband oorheers nie! Sorg dat jy nie in so 'n gevaarlike situasie beland waar jou emosies te sterk word vir jou rede en jy moeilik weerstand kan bied nie.

Leef volgens jou verantwoordbare oortuigings soos hierbo uiteengesit en respekteer seks vir wat dit is – Godgegewe, met 'n *doel, plek en tyd.*

Kan jy regtig bekostig om jou gesonde verstand te ignoreer?

10
Kan ek vigs vermy?

Wat is vigs?
Skryf jou antwoord in jou eie woorde hieronder neer.

Vergelyk jou antwoord hierbo met wat *wetenskaplikes reeds bewys het:*

* Vigs is 'n *ongeneeslike* siekte. Wêreldwyd is wetenskaplikes pessimisties oor die kanse dat 'n teenmiddel binne 10 jaar ontdek kan word.
* Die term *V I G S* verwys na 'n *V*erworwe *I*mmuniteits*G*ebrek-*S*indroom en dit is 'n siekte wat veroorsaak word deur 'n virus (HIV) wat die liggaam se *weerstand teen infeksies afbreek.* Dit beteken dat 'n mens siek kan word of sterf aan siektes wat 'n mens *normaalweg* nie sou aantas nie.
* Hierdie virus *kan* in liggaamsvloeistowwe, veral bloed, semen (saad) en vaginale vloeistowwe, teenwoordig wees.

Hoeveel mense het alreeds wêreldwyd hieraan gesterf?

Hoeveel skat jy?   ± _____

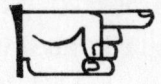

* In Suid-Afrika het na raming reeds *182 mense* vanaf 1982 tot Februarie 1990 aan vigs gesterf, waaronder 19 kinders onder die ouderdom van 19 jaar.
* Aan die einde van Maart 1990 is *3 431* vigsdraers positief geïdentifiseer, maar na raming is daar in werklikheid meer as 60 000 draers in Suid-Afrika.

* Na raming sal 'n *miljoen mense* wêreldwyd die siekte reeds *teen 1991* opgedoen het.
* Na raming is ongeveer *10 miljoen mense* wêreldwyd tans vigsdraers.
* Teen hierdie tempo beteken dit dat *'n kwart van die wêreldbevolking voor die einde van die eeu deur vigs uitgewis kan word*. Geen wonder nie dat selfs filmsterre soos Brooke Shields, Cher en Priscilla Presley tans in advertensies gebruik word om die jeug van Amerika teen die gevare te waarsku.

Wat is jou kanse om vigs op te doen?

Navorsing toon dat vigs soos volg opgedoen word:

* deur *seks te hê* met iemand wat met HIV besmet is;
* deur *spuitnaalde en spuite* te deel om middels in te spuit;
* deur oordraging van *die moeder na die baba* gedurende swangerskap of tydens geboorte.

Almal kan dus vigs opdoen – dis wat jy **doen** wat saak maak!

Jy kry dus nie vigs nie:

* deur droë soene, hand te skud of te omhels;
* deur die nies of hoes van 'n geïnfekteerde persoon;
* by swembaddens en openbare toilette, deur telefone te gebruik en geld te hanteer of in 'n restaurant te eet of 'n maaltyd te deel nie;
* deur saam met iemand wat die vigsvirus het, te werk of sosiale kontak te hê nie;
* deur 'n bloedoortapping nie, aangesien alle bloed wat in Suid-Afrika geskenk word, getoets word.

Wat is jou kanse om vigs op te doen? Maak 'n regmerkie in die toepaslike blok.

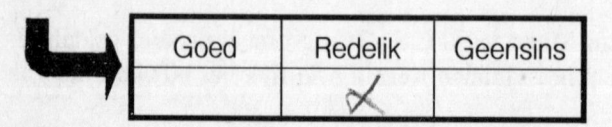

Goed	Redelik	Geensins
	✗	

Hoe kan jy hierdie siekte vermy?

Die antwoord is logies, of hoe? Skryf jou antwoord hier neer en wees spesifiek:

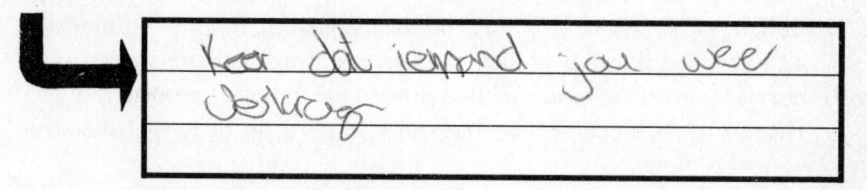

> *[handwritten: keer dat iemand jou weer verkrag]*

Dink ernstig na oor die volgende:

* "I *think mostly about the future,* that's where I am going to spend the rest of my life" – C Kettering.
* "We like the *freedom to choose,* but we do not like the consequences when we choose wrongly" – Anoniem.
* Psalm 139; 1 Korintiërs 6:19-20; Romeine 14:7-8.

Die volgende *voorkomingsmaatreëls* word tans deur wêreldkenners aanbeveel:

* *Moenie voor jou troue geslagsomgang hê nie* en sorg dat jy ná jou troue *net* met jou huweliksmaat geslagsomgang het.
* Moenie *dwelmmiddels* gebruik nie.
* Sorg dat jou *immuniteitstelsel* sterk bly deur gesonde kos te eet, genoeg oefening en rus te kry en nie te rook of baie te drink nie.
* *Bespreek jou vrese en vrae* rondom vigs met iemand in wie jy vertroue het.
* Onthou ons standpunt is dat geslagsgemeenskap buite die huwelik sonde is – so sê die Woord. Indien jy *ten spyte van die vorige waarskuwings tog nog seksueel aktief is of wil wees,* is dit uit mediese oogpunt veiliger om by een seksmaat te hou en altyd kondome te gebruik. Kondome is volgens die Suid-Afrikaanse Instituut vir Mediese Navorsing net veilig indien dit korrek gebruik word:
    - Gebruik dit vóór seksuele kontak.
    - Gebruik elke kondoom slegs *een keer.*
    - Gebruik 'n smeermiddel met 'n waterbasis.
    - Hou die kondoom vas terwyl die penis onttrek word.
    - Moenie kondome ná die verstrykingsdatum gebruik nie.
    - Bêre kondome op 'n koel, droë plek.
    - Vermy homoseksuele praktyke *geheel en al.*

Hoe weet jy of jy met HIV (die vigsvirus) besmet is?

* Besef eerstens dat 'n vigsdraer tydens die aanvangstadium geen uiterlike simptome of tekens toon nie.
* Indien jy dus twyfel of jy dalk besmet kan wees, moet jy onmiddellik na jou huisdokter, 'n kliniek vir seksueel oordraagbare siektes of 'n hospitaal gaan vir raad oor hoe om vir die vigsvirus getoets te word. Hier sal jy 'n bloedtoets ondergaan wat sal toon of jy met die virus besmet is of nie.

Vir verdere inligting tree in verbinding met:

* Jou huisdokter
* Die Vigsopleiding- en inligtingsentrum
  Suid-Afrikaanse Instituut vir Mediese Navorsing
  Posbus 1038
  Johannesburg
  2000

You ought to consider the ifs now and then. Thinking about *if* sometimes prepares you for *when* – L Kalpakain

Hear no Evil   See no Evil   Speak no Evil   Spread no Evil

11
Wat maak ek met 'n liefdesteleurstelling?

Dit is darem erg wanneer jy vas uitgaan met iemand en jy kom geleidelik agter daar is êrens fout. Skielik lui die telefoon nie meer so dikwels nie en jy kry ook nie meer briewe nie. Daar kom 'n stramheid, 'n vreemdheid in die verhouding wat vroeër nie daar was nie. En dan, op 'n dag kry jy die trekpas met 'n flouerige verskoning: "Jammer, ek dink nie ons pas by mekaar nie." Of nog erger: Jy vermoed niks en kry uit die bloute 'n brief waarin die ander persoon die verhouding beëindig. Jy voel seergemaak, kwaad, deurmekaar. Jy verstaan nie waarom dit gebeur het nie. Jy voel alleen, want skielik besef jy hoeveel tyd julle saam deurgebring het. Jy kan selfs depressief voel en 'n verlaging van jou selfbeeld ervaar. Jy voel dalk daar is iets verkeerd met jou.

Hoe hanteer 'n mens daardie aaklige tyd ná so 'n teleurstelling?

Maak 'n regmerk in die blok wat jou antwoord die beste weerspieël.

Dink mooi na oor julle verhouding en die redes waarom jy vas uitgegaan het met die spesifieke persoon.
    Was dit om "in" te wees by jou groep maats, omdat dit die in-ding is om vas uit te gaan?

JA	NEE

Het jy daarvan gehou om met hom/haar uit te gaan omdat sy een van die mooiste meisies in die skool of hy een van die gewildste ouens is, en dit vir jou status gegee het om saam met hom/haar gesien te word?

JA	NEE

Het dit vir jou sekuriteit gegee om aan die sy van 'n eerstespanrugbyspeler of -hokkiespeelster gesien te word?

| JA | NEE |

Het jy miskien vas uitgegaan omdat jy nie naweekaande alleen wou wees nie of omdat dit vir jou 'n toegangskaartjie tot 'n spesifieke groep was?

| JA | NEE |

Uit jou eerlike antwoorde op bogenoemde vrae sal jy nou miskien self kan bepaal of jy op die oomblik 'n *liefdesteleurstelling* of 'n *verhoudingsteleurstelling* beleef. Jy is miskien meer teleurgesteld oor die *verhouding* wat verbreek is omdat jy jou sekuriteit as mens daarin gevind het. Indien dit wel so is, is dit vir jou miskien goed dat die breuk gekom het, al glo jy ons dalk nie! Om werklik 'n diep verhouding met iemand van die teenoorgestelde geslag aan te knoop, is dit eers nodig om **jouself te aanvaar.** Met ander woorde, jy moet eers jouself uitsorteer en weet wie jy is en waarheen jy op pad is, voordat jy regtig gereed is om vas uit te gaan. Indien dít nie eers gebeur nie, is jy as 't ware 'n rankplantmens wat die ander een in die verhouding nodig het om jou te stut. So 'n rankplantmens "versmoor" dikwels die ander een met jaloesie en besitlikheid en die verhouding is nie bevorderlik vir die persoonlike groei van een van die twee nie.

Het jy jouself al as mens aanvaar en hou jy van jouself? Met ander woorde, het jy al 'n eie identiteit ontwikkel en het jy 'n hoë mate van sekerheid oor jou deugde en tekortkominge?

| JA | NEE |

Eers nadat jy *jouself aanvaar* het, kan jy werklik oop wees om *ander mense te aanvaar.* (Kyk ook na die hoofstuk "Hou mense van jou?")

Is dit vir jou oorwegend maklik om met ander mense te meng en maats te maak?

| JA | NEE |

Eers dan, nadat jy jouself as mens aanvaar het en ander mense aanvaar het, kan jy *een persoon van die teenoorgestelde geslag in liefde aanvaar.* Wijngaarden noem dit die drie hoofprobleme van volwassenheid.

Indien jy wel jou sekuriteit verkry het in jou verhouding met die ander persoon, wat gaan jy nou daaromtrent doen?

_____

_____

_____

Die volgende mag dalk vir jou in hierdie tyd van nut wees:

* Miskien is dit nou tyd om eerlik selfondersoek te doen. Probeer om die volgende vrae eerlik te beantwoord:

  - Wat was die twee grootste voordele van julle vaste verhouding?
  _____

  _____

  - Wat was die twee grootste nadele?
  _____

  _____

  - Wat in jou optrede kon aanleiding gegee het tot die breuk?
  _____

  _____

- Wat het jy hieruit oor jouself geleer en waaraan gaan jy werk?

_____

_____

_____

_____

* Gaan praat jou hart uit met iemand in wie jy vertroue het. Dit kan jou pa of ma wees, 'n goeie vriend(in) of selfs jou oupa of ouma. So 'n vertroueling kan ook iemand buite die familie wees. Moet egter nie die hele teleurstelling met te veel persone bespreek nie, want dit is nie vir almal se ore bedoel nie. As jy met te veel mense daaroor praat, kan dit gebeur dat die waarheid verdraaid by die persoon wat uitgemaak het, uitkom – wat weer aanleiding kan gee tot meer pyn.

* Waak daarteen om te lank te tob oor die verbreekte verhouding. Dit gaan jou nie veel in die sak bring nie en mag jou dalk net depressief maak. Sorg dat jy besig bly en vul jou tyd konstruktief. Voltooi daardie stuk handwerk of naaldwerk waarvoor jy die afgelope tyd net nie kans gehad het nie. Stel vir jouself nuwe uitdagings, verander jou kamer se kleurskema of begin solank fiks word vir die volgende seisoen.

* Moenie te gou weer vas uitgaan nie. Ná so 'n teleurstelling moet jy jouself eers tyd gun om rustig te raak sodat jou emosies kans kan kry om te genees. Dit is nie goed om dadelik weer vas uit te gaan nie, want jy mag die verkeerde persoon kies bloot om weer met iemand uit te gaan.

* Probeer om met verloop van tyd 'n normale, ontspanne vriendskapsverhouding met die ander persoon te ontwikkel. Dit is normaal om mekaar aanvanklik te vermy, want die seerkry lê dan nog vlak. Maar indien julle mekaar nie gekwets het nie en die breuk skoon was, kan julle sonder negatiewe gevoelens mekaar as vriende aanvaar.

* Memoriseer Efesiërs 4:32.

* Om nooit uitgeneem te word nie en nie 'n vaste verhouding met iemand van die teenoorgestelde geslag te hê nie, is ook 'n teleurstelling wat baie tieners moet verwerk. Gebruik hierdie tyd om jouself te

ontwikkel, sodat jy 'n interessante, veelvlakkige mens word. Leer om van jouself te hou en jouself te aanvaar en moenie jouself bejammer nie. Onthou, die feit dat jy nie *nou* uitgaan nie, beteken nie dat jy nie eendag die regte maat sal kry nie. Bou vir jou 'n wye vriendekring op en wees ingestel op ander mense se gevoelens. Moet net nooit so desperaat word nie dat jy begin vas uitgaan met iemand van wie jy nie werklik hou nie, bloot net om uit te gaan!

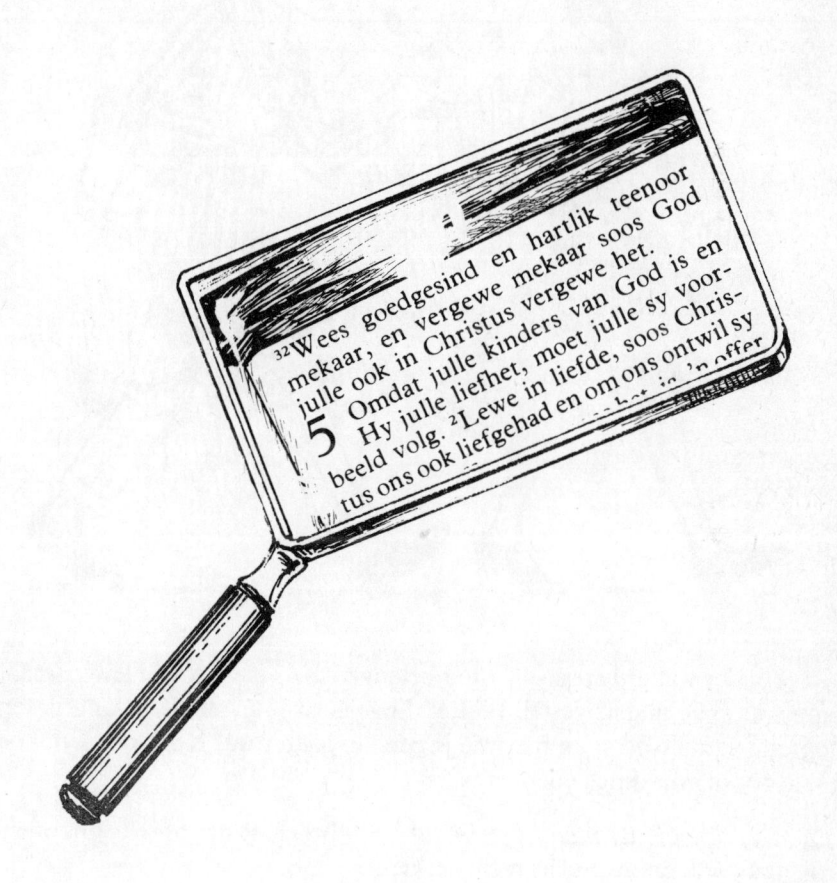

12
Kies vir jou 'n lewensmaat

Ek wonder watter vereistes vir jou belangrik is as jy vir jou 'n lewensmaat moet kies. Of anders gestel: Watter dinge is vir jou vreeslik belangrik ten opsigte van die persoon met wie jy eendag gaan trou? Kom ons kyk hoe julle oor hierdie dinge voel.

1 Kry *drie of vier maats bymekaar* – jou broer, suster of selfs jou ouers mag ook saamspeel as jy dit verkies.

2 *Elkeen* skryf nou op sy eie *5 faktore* neer wat hy/sy as baie belangrik ag vir huweliksgeluk. Of noem dit 5 vereistes vir die suksesvolle keuse van 'n huweliksmaat.

3 Bring nou die verskillende lyste faktore (eienskappe) bymekaar en *skrap al die dupliserings*.

4 Maak nou *een lys* van almal se faktore en skryf hulle hier neer:
* _____
* _____
* _____
* _____
* _____
* _____
* _____
* _____
* _____
* _____
* _____
* _____
* _____
* _____
* _____
* _____

Wil jy nie uit ons lys daardie faktore by julle s'n voeg waaraan julle miskien nie gedink het nie? Hier is dit:

* My lewensmaat moet my innig liefhê.
* 'n Vaste werk om 'n inkomste te verseker.
* Dieselfde godsdiensoortuiging.
* Wedersydse vertroue.
* Opregte belangstelling in mekaar se werk en mekaar se belangstellings.

5 Elke persoon moet nou op sy eie uit die groslys hierbo die *6 belangrikste faktore (eienskappe)* kies wat volgens sy/haar mening die sukses van 'n huwelik kan verhoog.

6 Gaan hierna nog 'n stap verder en rangskik jou ses faktore *in volgorde van belangrikheid*. Maak jou belangrikste faktor nommer 1 en die sesde belangrikste faktor nommer 6.

7 Amper klaar! Vul elke persoon se 6 faktore *in volgorde van belangrikheid* op die tabel hieronder in:

Al die faktore of eienskappe	5 persone se lyste				
	P1	P2	P3	P4	P5

Indien jy nie mooi begryp hoe om bostaande tabel te voltooi nie, kan jy gerus na hierdie een kyk wat 'n onderwyservoorligter ten opsigte van 5 leerlinge in 'n skool voltooi het:

Faktore	5 persone se rangorde				
	P1	P2	P3	P4	P5
Standhoudende werk	1	4	3	5	4
Innige liefde	2	1	1	1	1
Wedersydse vertroue	3	2	2	2	2
Dieselfde kerkverband	4	3	4	4	5
Dieselfde lewensbeskouing	5		6		3
Dieselfde ontwikkelingspeil		5		6	
Belangstelling in mekaar	6		5	3	6
'n Sober lewe		6			

Kyk nou weer krities na julle eie tabel en redeneer met mekaar oor elkeen se volgorde van belangrikheid. Julle kan vrae soos die volgende aan mekaar stel wat 'n interessante bespreking kan uitlok:

* Waarom het jy nie hierdie faktor (eienskap) onder jou ses faktore ingesluit nie?
* Waarom het jy só 'n belangrike eienskap sesde geplaas?
* Dink jy regtig hierdie eienskap is so belangrik vir huweliksgeluk?
* Wat bedoel jy presies met hierdie eienskap?
* Vier van ons het hierdie eienskap onder die eerste ses ingesluit. Hoekom het jy dit heeltemal weggelaat?

As julle daarna nog tyd het, kan julle gerus met mekaar gesels oor wat Sydney Smith (1845) presies bedoel het toe hy gesê het:

> Marriage resembles a pair of shears, so joined that they cannot be separated, often moving in opposite directions, yet always punishing anyone who comes between them.

Dit is nie God se bedoeling dat die huwelik vir die mens 'n las en pyn in die nek moet wees nie. Hy het dit anders gewil. In Genesis 2:18 lees ons dat die Here vir Adam 'n hulp geskape het ". . . wat hom kan help, sy gelyke". En dit is dan ook die kern van die huwelik as Goddelike instelling: 'n man en vrou wat mekaar kan help.

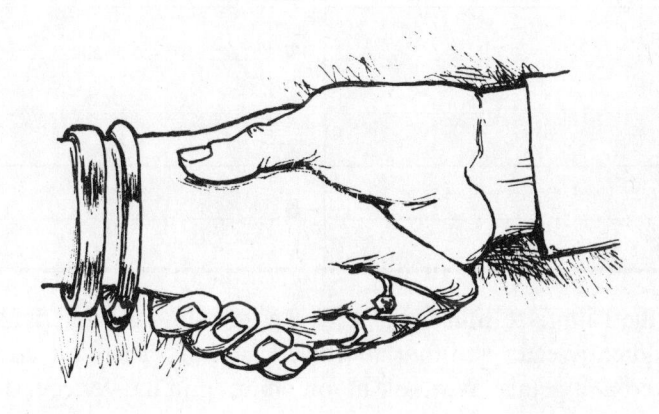

13
Jou verhouding met jou ouers en onderwysers

Van al die mense met wie ons in verhoudings staan, is ons *ouers* en *onderwysers* seker die belangrikstes. Ons bring so 'n groot deel van ons tyd in hulle teenwoordigheid deur en hulle is afgesonder en aangestel om ons primêre *(ouers)* en sekondêre *(onderwysers)* opvoeders te wees.

Skryf in die ruimte hieronder neer die *positiewe bydraes* wat jy meen jou ouers en onderwysers tot in hierdie stadium tot jou algemene ontwikkeling gelewer het:

Ouers se bydraes/hulp in my lewe	Onderwysers se bydraes/hulp in my lewe
• _____	• _____
• _____	• _____
• _____	• _____
• _____	• _____
• _____	• _____
• _____	• _____
• _____	• _____
• _____	• _____

Indien die ruimte te min was, het jy beslis baie om voor dankbaar te wees. Indien jy egter aan min voordele kon dink, het jy tot dusver baie in dié verband gemis. Wat ook al jou ervaring in die verlede, die ideaal bly immers om gesonde verhoudinge met almal te handhaaf en uit te bou. Geen verhouding is ooit sonder probleme nie, maar probleme hoef nie noodwendig verhoudinge te verongeluk nie.

Dink na oor die probleme wat jy tot dusver in jou verhoudinge met jou ouers en onderwysers beleef het, en skryf dit in die ruimte hieronder neer:

Verhoudingsprobleme met ouers	Verhoudingsprobleme met onderwysers
•	•
•	•
•	•
•	•
•	•
•	•

In die ruimte aan die regterkant van elke probleem moet jy nou daardie afmerk waaraan jý moontlik kan werk (dit wil sê daardie wat op die een of ander manier ook aan jóú optrede gekoppel kan wees).

Neem nou een probleemarea op 'n keer. (*Wenk:* begin tuis by jou ouers.) Gebruik die werkruimtes hieronder om 'n praktiese oplossing daar te stel. Pas die oplossings daarna konsekwent en met vertroue toe!

Praktiese oplossing vir problematiese verhouding met ouers	Praktiese oplossing vir problematiese verhouding met onderwysers
Probleem 1: _____	*Probleem 1:* _____
Oplossing: _____	*Oplossing:* _____

Praktiese oplossing vir problematiese verhouding met ouers	Praktiese oplossing vir problematiese verhouding met onderwysers
Probleem 2: _____	*Probleem 2:* _____
Oplossing: _____	*Oplossing:* _____

Praktiese oplossing vir problematiese verhouding met ouers	Praktiese oplossing vir problematiese verhouding met onderwysers
Probleem 3: _____	*Probleem 3:* _____
Oplossing: _____	*Oplossing:* _____

Praktiese oplossing vir problematiese verhouding met ouers	Praktiese oplossing vir problematiese verhouding met onderwysers
Probleem 4: _____	*Probleem 4:* _____
Oplossing: _____	*Oplossing:* _____

Praktiese oplossing vir problematiese verhouding met ouers	Praktiese oplossing vir problematiese verhouding met onderwysers
Probleem 5: _____ *Oplossing:* _____	*Probleem 5:* _____ *Oplossing:* _____

Onthou:

OM VERHOUDINGE TE BOU IS 'N DOELBEWUSTE EN LEWENSLANGE PROSES!

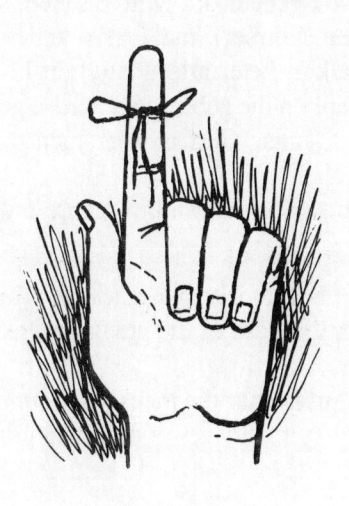

14
Jou minderes en jou meerderes

God het mense geskape met verskillende talente en vermoëns. En dit is juis hierdie verskille in bekwaamheid, posisie en ouderdom wat maak dat daar in hierdie lewe base en klase is, werkgewers en werknemers, meerderes en minderes. Alhoewel ek in sekere opsigte 'n baas of meerdere is, is dit net so waar dat ek in baie ander situasies weer 'n onderhorige of mindere is.

Die woorde "meerdere" en "mindere" is glibberige terme wat maklik verkeerd vertolk kan word. Twee mense is byvoorbeeld nie noodwendig altyd in 'n meerdere:mindere-situasie nie. Hulle kan ook in 'n gelyke situasie geplaas word. So is 'n onderwyser nie noodwendig 'n leerling se meerdere indien laasgenoemde advies sou kom vra nie. In 'n klassituasie is die onderwyser egter wel die leerling se meerdere vanweë sy volwasse kennis en ervaring.

Verder kan dit ook gebeur dat jy in 'n sekere situasie iemand se meerdere is (jy is miskien slimmer), maar in 'n ander situasie mag jy sy mindere wees (hy is dalk 'n beter atleet as jy). 'n Laaste voorbeeld: Meneer X is Gert se meerdere op die gebied van aardse goedere omdat hy 'n skatryk mynmagnaat is, maar Gert is weer meneer X se meerdere wat sy mooi karakter betref.

Hierdie twee soorte posisies waarin mense hulle bevind, kan só opgesom word:

* Aan die een kant is daar die mense wat *oor jou* gestel is, hulle aan wie jy onderdanig is, jou base of die gesagsdraers bokant jou – *jou meerderes*.
* Aan die ander kant is daar die mense wat *onder jou* gestel is, hulle wat aan jou onderdanig moet wees of dalk van jou afhanklik is – *jou minderes*.

Hoe meen jy behoort 'n mens teenoor jou meerderes op te tree? Probeer drie wenke aan die hand doen:

?
* _____
* _____
* _____

Was jou drie wenke min of meer dieselfde as die volgende?

* Aanvaar dat die persoon in hierdie opsig jou meerdere is.
* Moenie afgunstig of jaloers hieroor voel nie.
* Toon die nodige respek of onderdanigheid teenoor die persoon, wat hom in hierdie situasie toekom.

Die moeiliker toets vir 'n eerbare, karaktervolle mens kom egter na vore in jou houding en optrede teenoor húlle wat onder jou gestel is: *jou minderes*. Hoekom sê ons so? Omdat 'n mens se ware karakter juis na vore kom
* wanneer jy die hef in die hand het;
* wanneer jy die sterkste is;
* wanneer jy die meeste besit;
* wanneer jy die slimste een is;
* wanneer jy die bevoorregte een is.

As jou mindere nie die mas opkom nie of volgens jou oordeel nie onderdanig genoeg is nie of nie met jou standpunt saamstem nie, is jy in die posisie . . .

- om _____
- om _____
- om _____
- om _____

Wat het jy toe hierbo ingevul:

* om hom te dwing?
* om hom te ontslaan?
* om hom weg te jaag?

* om hom te roskam?
* om hom te kritiseer?
* om hom te verkleineer?
* om hom te berispe?
* om hom te dreig?

Dit is hoe die ongedissiplineerde, baasspelerige persoon bes moontlik teenoor sy minderes sal optree omdat hy die hef in die hand het.

Hoe reken jy sal 'n karaktervolle mens dan teenoor sy minderes optree? Voltooi die onderstaande blokraaisel om by die regte manier van optrede uit te kom.

Hier is die leidrade:

Af

2 So tree 'n mens teenoor jou minderes op. Die antwoord sal jy in Sagaria 9:9 vind.
3 Iemand wat so is, probeer hom altyd in die plek van 'n ander mens stel, dus ook in die plek van sy mindere omdat hy eerlik probeer om te begryp hoe die ander persoon voel en redeneer.

Dwars

1 Jy moet só teenoor jou minderes wees, eintlik gevoelig, maar 'n ander woord.

4 'n Karaktervolle mens sal probeer om sy mindere met vriendelikheid en geduld te . . .
5 Die karaktervolle mens sal nie onbeheersd emosioneel teenoor sy mindere uitbars nie, maar hom probeer . . .
6 Die karaktervolle mens besit hierdie eienskap en tree só teenoor sy mindere op. 'n Ander woord daarvoor is "meegevoel".

Oplossing:
Dwars 1 Sensitief 4 Verdra 5 Inhou 6 Simpatie
Af 2 Nederig 3 Empaties

15
Maak van jou vyand 'n vriend!

Dit is beslis nie aangenaam om vyande te hê nie, want hy wat wel een het, besef dat:

* iemand nie van hom hou nie;
* iemand hom dalk haat;
* iemand miskien op hom jaloers is;
* iemand hom goeie dinge misgun;
* iemand hom in die wiele kan probeer ry;
* iemand dalk ingenome sal voel as iets slegs met hom sou gebeur.

'n Mens leef en werk nie lekker en spanningvry in 'n atmosfeer van vyandigheid nie.

Hoe gebeur dit dan dat iemand jou vyand word? Omdat ons hier met *twee opponente* te doen het, sal die oorsake van die vyandskap dus in *albei* persone gesoek moet word. Kan jy aan 'n paar moontlike oorsake dink? Hierbo het ons alreeds 'n paar genoem waarvoor jou vyand geblameer kan word, maar wat van jouself? Het jy nie dalk iets gedoen of gesê wat van hom 'n vyand gemaak het nie? Ons sê nie dit *ís* so nie – ons vra maar net. Probeer objektief wees en dink aan 'n paar moontlike oorsake vir die onmin wat tussen jou en iemand anders bestaan waarvoor *jy self* dalk te blameer is:

- _____
- _____
- _____
- _____
- _____
- _____
- _____

Net ingeval dit jou ontgaan het, kan jy na die volgende moontlike oorsake loer:

* Jy het jou vyand sleg (onbillik) behandel, al het jy dit miskien nie so bedoel nie.
* Jy het kwaad geword en hom afgejak.
* Jy is snobisties, maar bedoel dit nie om so te wees nie en besef dit nie eintlik nie.
* Jy dink dalk so 'n bietjie te veel van jouself.
* Jy het hom op 'n dag verkleineer.
* Jy het hom miskien gekul.
* Jy is dalk opvlieënd van geaardheid.

Jy wil natuurlik die probleem uit die weg ruim. Jy kan hom nie doodmaak nie, want moord is onchristelik. Jy kan hom nie wegdink of -wens nie, want hy sal maar altyd daar wees. Jy kan nie wegvlug nie, want dit sal maar 'n swak oplossing wees. Nou ja, dan is daar mos net een werkbare oplossing – maak van jou vyand 'n vriend! Raak van jou vyand ontslae deur hom in 'n vriend te probeer verander. As jy nie van jou buurman se vyandige, blaffende hond ontslae kan raak nie, maak dan van hom 'n vriend. Dan mag hy dalk volgende keer, in plaas van te byt, sy stert swaai en jou voete kom lek.

Daar is die verhaal van die dogter wat sielsongelukkig was oor die vyandige houding van haar klasmaats, waarop haar ma met 'n briljante oplossing gekom het: "Kom ons reël 'n vyandpartytjie waarheen ons net jou vyande nooi en dan onthaal ons hulle!" Die partytjie was 'n geweldige sukses met verskeie vyande wat daarna minder vyandig was.

Waar begin 'n mens? *Altyd by jouself.* As dit is soos sommige mense sê, naamlik dat goeie maniere die skokbrekers van die lewe is, moet ons daarby begin:

GOEIE MANIERE

Demp jou vyand se veglus met goeie maniere. Wys hom dat jy goed van inbors is sonder om te kruip. Praat kalm, bly vriendelik en groet hom op 'n normale manier. Hy mag hom miskien aanvanklik nie aan jou goeie bedoelings steur nie, maar op die lange duur mag jy dalk net deur die kors van weerstand breek en sal sy vyandigheid begin verkrummel. Die spreekwoord sê: Vriendelikheid kos niks, maar dit koop alles.

Wanneer jou vyand iets goeds of voortrefliks doen of sê (dalk goed rugby speel, miskien 'n goeie antwoord in die klas gee, of goed in die debat praat), *sê* vir hom dat hy dit goed gedoen het. So bou jy aan sy selfbeeld, word hy 'n al beter mens met meer selfvertroue en breek jy sy vyandigheid stelselmatig af. Die tweede strategie is dus:

PRYS HOM

Let wel, ons sê nie jy moet dit oordadig of onnatuurlik doen nie; bly net jou normale, natuurlike self. Wees eerlik en oortuigend. En as jou goeie bedoelinge dan nie wil help nie, moet jy seker maar uit sy pad bly in die wete dat jy jou Christelike plig gedoen het.

Maar daar is nog 'n derde moontlikheid wat jy van die begin af, sonder ophou, elke dag kan beoefen omdat dit aan jou die nodige wysheid en gemoedsrus sal gee:

BID VIR HOM

Lyk die verandering van 'n vyand in 'n vriend vir jou na 'n byna onmoontlike taak, soos 'n geweldige hoë berg wat jy moet uitklim? Nee, so erg is dit nie, in elk geval nie as jy die regte klimtoerusting het nie. Voltooi nou met behulp van die onderstaande leidrade die blokkies wat voorsien is om die kruin van sukses te bereik.

Leidrade:
1 Die basiese toerusting om van 'n vyand 'n vriend te maak, is mooi . . .
2 Sonder om dit oormatig en oneg te doen, kan jy die stryd moontlik geleidelik wen deur jou vyand op die regte oomblik te . . .
3 Lê jou probleem aan die Here voor en . . . vir jou vyand.
4 Dit alles kan help om van hom 'n . . . te maak.

Oplossing: 1 Maniere 2 Prys 3 Bid 4 Vriend

16
Die hantering van ongemaklike situasies

Ons almal was al in situasies wat vir ons 'n verleentheid was. Dit is nie lekker as jy begin bloos en omdat jy dit weet, nog meer bloos nie! Ongemaklike situasies is soos wanneer jy iemand uitnooi vir 'n koeldrank en dan skielik ontdek dat jy te min geld het; of wanneer jou maag skielik in die kerk begin rommel! Dikwels is hierdie situasies ook nie aan ons eie toedoen te wyte nie.

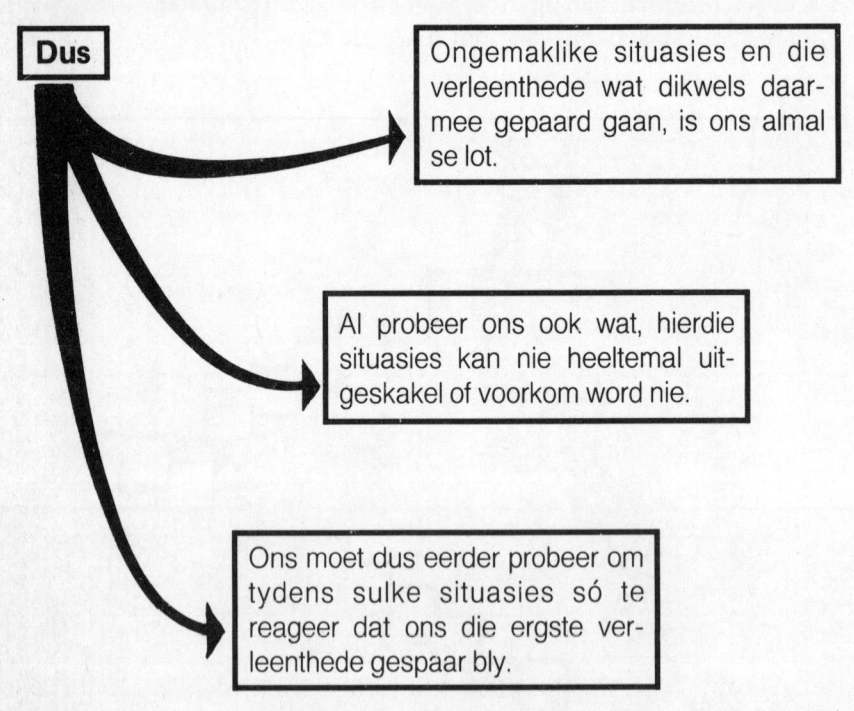

Dus

- Ongemaklike situasies en die verleenthede wat dikwels daarmee gepaard gaan, is ons almal se lot.

- Al probeer ons ook wat, hierdie situasies kan nie heeltemal uitgeskakel of voorkom word nie.

- Ons moet dus eerder probeer om tydens sulke situasies só te reageer dat ons die ergste verleenthede gespaar bly.

Weens die feit dat ons almal unieke mense is met ons eie persoonlikhede en dus unieke belewinge, kan ons vir jou geen resep aanbied wat altyd en oral sal werk nie.

Die volgende gedagtes mag egter help:

* Alhoewel alle mense – dus ook grootmense – ongemaklike situasies belewe, is dit 'n feit dat dit veral met tieners gebeur.

    Die rede hiervoor is omdat tieners meestal baie selfbewus is; omdat volwassenes dikwels skepties en krities teenoor jongmense optree; omdat maats (as gevolg van hul eie onsekere gevoelens) dikwels wreed en selfsugtig teenoor mekaar kan optree.

> Wees dus geduldig met jouself – jy sal ook deur hierdie fase groei en dan in staat wees om jou beter te handhaaf in ongemaklike situasies.

* Gesels met jou ouer broer, suster of ouers en vra vir hulle wat hulle doen om die ergste ongemaklike situasies in hul lewens te hanteer. Maak 'n lysie van hulle wenke hieronder:

- _____
- _____
- _____
- _____
- _____
- _____
- _____
- _____
- _____

* Probeer om daardie geleenthede te vermy wat jy *vooraf weet* vir jou in verleentheid sál bring. Besef net dat 'n mens nooit vir jou probleme mag weghardloop nie – vermy dus net die ergstes tydelik.

* Behou deurgaans teenwoordigheid van gees.

* Byt op jou tande en bly kalm.

* Probeer om 'n "goeie gesig" te behou en jou ongemaklike gevoelens nie te wys nie.

* Dikwels is daar baie humor in ongemaklike situasies. Probeer dus om die komiese in die situasie raak te sien.

17
Daardie onbeteuelde emosies!

"Ek wens ek het nie so oorreageer nie!"
"Ek is so spyt dat ek my humeur verloor het!"
"Ek voel so simpel omdat ek gister voor almal in trane uitgebars het!"
"Ek voel vandag so swartgallig!"

* Klink dit vir jou bekend?

> Ja, ons het almal emosies ... solank die emosies net nie vir óns het nie!

* Dít is juis waarom dit hier gaan – om te verseker dat ons emosies altyd onder ons beheer is.

* Die rede waarom ons ons emosies moet leer beteuel, is dat
  - wanneer ons emosioneel is, ons nie logies kan dink nie en daarom dikwels denk- en optredefoute begaan;
  - mense nie van oordrewe emosionele persone hou nie en dan verkeerde afleidings kan maak uit hulle optrede;
  - skuldgevoelens dikwels volg op oordrewe emosionele uitlatings;
  - jy mense deur emosionele uitbarstings kan seermaak.

Terwyl ons dus ruimte moet gun vir ons gevoelens en dit in orde en selfs noodsaaklik is dat ons soms hartseer voel en selfs huil of kwaad word, *moet ons gevoelens of emosies nie ons optrede bepaal en ons lewens oorheers nie.*

* Ons moet leer dat om emosies te beleef wel in orde is, maar dit is wat ons daarmee máák, hoe ons uiting daaraan gee, wat wel saak maak.

Voorbeeld:

> As jy kwaad word op die rugbyveld omdat jou opponent vuil speel of die skeidsregter ooglopend partydig is, is dit in orde. Dit is jou reg om so te voel. As jy egter jou opponent te lyf gaan of op die skeidsregter skree, het jou emosies die oorhand gekry, sal jy later spyt wees en het jy geensins tot 'n blywende en positiewe oplossing bygedra nie.

* Oorweeg dus die volgende wanneer jy weer ooremosioneel raak oor iets:
  - Haal 'n paar keer diep asem en sê vir jouself: "Ek weier om iets te sê of te doen waaroor ek later spyt sal wees."
  - Behou dan 'n kalm stemtoon en lyftaal sonder om noodwendig van jou standpunt af te sien.
  - Stel dit duidelik dat jy verskil, maar dat jy graag meer oor die betrokke persoon se redes vir sy standpunt wil verneem omdat jy steeds oop is vir oortuiging.
  - Pas al die ander beginsels vir gesonde kommunikasie toe soos dit in die hoofstuk oor kommunikasie bespreek is.

> He who has lost control of his emotions has lost the argument.

Om deurlopend te probeer om jou emosies te beheer, beteken dus geensins dat jy op alles ja en amen moet sê nie. Dit beteken dat jy by jou standpunt bly en jou laat geld, maar dat dit sonder oordrewe emosies geskied. Sodoende wen jy, al verloor jy die argument.

Kom ons erken ten slotte teenoor mekaar dat veral die tienertydperk 'n tydperk van emosionele uitbarstings kan wees. Hieroor het jy weinig beheer omdat onder andere liggaamlike veranderings, hormoonafskeidings en groepdruk primêr hiertoe aanleiding gee.

As volwassenes moet ons dit begryp, maar jou steeds aanmoedig om deur middel van doelgerigte ywer aan jou eie emosionele beheer te werk.

18
Kritiek krap om

Niemand hou daarvan om gekritiseer te word nie. Dit maak seer wanneer dít wat jy doen deur jou ouers, onderwysers of maats gekritiseer word. Indien jy egter daarin kan slaag om kritiek positief te verwerk, kan dit vir jou van groot waarde wees.

Probeer om wanneer jy weer gekritiseer word, die volgende negatiewe reaksies te vermy:

- Jy voel so seergemaak dat jy besluit om die ander persoon te *vermy*.
- Jy *kap terug* en *kritiseer* die ander met mening.
- Jy voel so terneergedruk oor onregverdige kritiek, dat jy sommer dit waaroor jy gekritiseer word, laat vaar.
- Jy raak emosioneel en ontsteld wat veroorsaak dat jy nie rasioneel kan dink en redeneer nie en sê dan dinge waaroor jy later spyt mag wees.

Oorweeg liewer die volgende konstruktiewe wenke om kritiek te hanteer:

* Probeer om nie ontsteld of kwaad te word nie. Tree beheersd op. Spreuke 12:16 gee dieselfde raad: *'n Dwaas wys dadelik dat hy beledig voel; 'n verstandige mens laat nie blyk dat hy gekrenk is nie.*

* Dink daaraan dat slegs diegene wat nooit iets doen nie, nooit gekritiseer word nie. Indien jy iemand is met baie nuwe idees en inisiatief en jy baie energie het om planne deur te voer, sal jy dikwels die teiken van "stoepsitters" se kritiek wees. Die spreekwoord sê mos: "Hoë bome vang die meeste wind." Moet jou dus nie steur aan onregverdige kritiek nie.

* Moet nooit afsien van jou planne net omdat jy bang is vir ander se kritiek nie. Die mense wat die meeste dinge regkry, is dikwels mense wat deur ander gekritiseer word, maar wat steeds hul bes doen en weier dat ander hulle "spoed" en entoesiasme breek.

Dale Carnegie het gesê: "Doen jou absolute bes, en maak dan jou ou sambreel oop om te keer dat die reën van kritiek by jou nek afloop."

* Probeer om jou van die situasie te distansieer om so perspektief daarop te kry. Wees *baie eerlik* en kyk of daar nie dalk wel 'n kiem van waarheid in die kritiek van ander mense is nie. Wees dan bereid om te verander.
  - Het jy nie tog te laat begin hersien vir die eksamen nie?
  - Het jy nie dalk tog 'n grootkop begin kry vandat jy in matriek is nie?

Is daar kritiek waarvan jy eerlik kan sê dat dit tog 'n element van waarheid bevat? Wat is dit? Skryf dit hieronder neer:

- _____
- _____
- _____
- _____
- _____

Wat kan jy uit bogenoemde leer en wat gaan jy daaraan doen?

Wat het jy hieruit geleer?	Wat gaan jy hieromtrent doen?
• _____	• _____
• _____	• _____
• _____	• _____
• _____	• _____
• _____	• _____

Onthou om jou eie persoonlikheid te behou en moenie probeer om almal tevrede te stel en so jouself te verloor nie.

* Soos jy nou reeds besef, moet jy baie versigtig wees wanneer jy ander kritiseer. Indien dit wel nodig sou wees, doen dit by uitsondering en sorg dat dit opbouend van aard is.

19
Om te vergewe is om te lewe

Het iemand jou al ooit te na gekom? Was dit toe vir jou moeilik om daardie persoon te vergewe?

JA	NEE

Indien jy *ja* gemerk het en dit jou pla, lees gerus verder:

* Dink terug aan die *mees onlangse* insident en skryf dan hieronder neer waarom jy dit moeilik gevind het om die betrokke persoon te vergewe (wees spesifiek, asseblief):

* Voltooi die onderstaande tabel na aanleiding van bogenoemde insident en weeg dan die voor- en nadele teen mekaar op:

Wat sou jy verloor het indien jy die persoon vergewe het?	Wat sou jy gewen het as jy die persoon vergewe het?
• _____	• _____
• _____	• _____
• _____	• _____
• _____	• _____
• _____	• _____

Jou gevolgtrekking?

* Lees nou die onderstaande gedeeltes:

> Wees geduldig met mekaar en vergewe mekaar as die een iets teen die ander het. Soos die Here julle vergewe het, moet julle mekaar ook vergewe – Kolossense 3:13.

Lees ook Efesiërs 4:32; Markus 11:25; Matteus 18:21.

> Haat, wraakgedagtes en die weiering om te wil vergewe, is soos 'n vernietigende siekte wat jou geleidelik aftakel, jou jou energie ontneem, vriendskappe ruïneer en jou lewe betekenisloos laat.
>
> "To err is human, to forgive divine" – Alexander Pope

Sou dit vir jou moeilik wees om te vergewe, vergewe dan die *mens* omdat hy jou medemens is, maar haat die *daad*. Dit baat nie om te sê jy vergewe, maar weier om te vergeet nie.

> *Forgive! How many will say "forgive" and find*
> *A sort of absolution in the sound*
> *To hate a little longer* – Lord Tennyson

> Ja, nie alleen is dit juis wat God van ons verwag nie, maar daardeur groei ons ook en word ons meer volwasse.

* Die feit bly egter dat om te vergewe, soos alle ander deugde, dikwels vir ons moeilik is. Oorweeg gerus die volgende wenke en sterkte ook met hierdie lewenstaak:
  - Onthou, wanneer iemand jou veronreg en seergemaak het, het die wond dikwels *tyd* nodig om te genees. Dit geld natuurlik ook diegene wat jy seergemaak het. *Wees dus geduldig met jouself en andere!*
  - Moet nooit tydens of direk ná so 'n insident impulsief optree nie. Dink na oor wat gebeur het en *openbaar 'n empatiese houding*. Met ander woorde, probeer sake sien soos die ander persoon dit sien, plaas jouself in sy posisie en probeer dan begrip vir sy standpunt en optrede openbaar: Waarom het die persoon dít gesê of gedoen? Het hy regtig bedoel om my seer te maak?
  - Dink na oor jou verhouding met die persoon en besluit of dit regtig die moeite werd is om 'n vriend te verloor as gevolg van jou onvergewensgesindheid.
  - Onthou, hy wat vergewe, verloor nie maar wen juis!
  - **Jý moet egter die eerste stap doen!**

20
Hoe om logies te redeneer

'n Mens redeneer logies wanneer jy 'n klomp feite so goed bymekaar kan bring dat die een duidelik en sinvol op die ander volg. As iemand op so 'n netjiese en ordelike manier kan dink, sê ons hy redeneer logies. Hy is 'n logiese mens. Dit is lekker om na 'n logiese mens se redenasies te luister, want hy rangskik sy gedagtes mooi ordelik agtermekaar sodat 'n mens sy argument stap vir stap kan volg.

Kyk 'n bietjie na die volgende redenasie:

- Piet is nie vir die span gekies nie.
- Die span het die wedstryd verloor.
- Die span het verloor omdat Piet nie gespeel het nie.

Kom ons ontleed die logika van hierdie redenasie:

* Miskien sou die span nie verloor het as Piet wel gespeel het nie, maar ons kan hierdie moontlikheid nie sommer net as 'n feit aanvaar nie.
* 'n Logiese gevolgtrekking sou dus gewees het: Omdat Piet 'n uitmuntende speler is, kon die span dalk verloor het omdat hy nie gespeel het nie, maar ons kan dit nie met sekerheid sê nie.

Kyk na die logika van die volgende redenasie:

- Sy het my twee maats na die partytjie toe genooi.
- Ek is nie genooi nie.
- Sy hou nie van my nie.

Ontleding:

* Miskien is jy reg en hou sy werklik nie van jou nie, maar dalk is jy verkeerd. Jy kan dit nie as 'n feit aanvaar bloot omdat jy so vóél nie.
* Jy kon hoogstens gesê het: Miskien hou sy nie van my nie, maar miskien is daar 'n ander rede waarom sy my nie genooi het nie.

87

Kom ons kyk na die volgende redenasie:

- Die Boland het op 2 Desember besonder baie reën gekry.
- Die koringboere was verheug oor die reën.
- Die inwoners van Kaapstad was seker bly oor die reën.
- Die toeriste in Kaapstad het die reën geniet.
- Omdat dit in Desember in die Boland reën, kan 'n mens dan blomme plant.
- Ná die goeie reën kan die waterbeperkings opgehef word.

Kom ons ontleed die logika van bostaande redenasie:
* Dat die Boland baie reën gekry het, is 'n feit waaroor nie geredeneer hoef te word nie.
* Dat die koringboere verheug was, is te betwyfel en klink onlogies, want dit is oestyd en dan moet die koring liefs droog wees. Nat koring kry roes en muf.
* Die Kapenaars was seker wel verheug oor die reën, want dit kan gedurende Desember ondraaglik warm word.
* Dit is nie baie logies dat toeriste en vakansiegangers die reën sou verwelkom het nie, want dit ry hul vakansie by die strand in die wiele.
* Om op grond van een keer se goeie reën te aanvaar dat dit gewoonlik in Desember baie reën, is onlogies. Die Boland kry sy reën gedurende die winter.
* Dit is wel logies dat die waterbeperkings ná 'n baie goeie reënval opgehef sou kon word.

Waarom redeneer 'n mens onlogies? Dalk lê die probleem by een of meer van die volgende redes:

- Jy is dikwels geneig om te praat voordat jy dink.
- Jy praat op jou gevoel af.
- Jy antwoord te oorhaastig.
- Jy is koppig om nie van jou standpunt af te wyk nie en sê dan sommer enigiets om jou standpunt te ondersteun.

'n Onlogiese mens irriteer die mense wat na hom moet luister. Aan die ander kant geniet 'n mens dit om na 'n persoon te luister wat logies is en samehangend praat. Die onlogiese mens maak homself ongeloofwaardig en lok dikwels negatiewe reaksie uit wanneer hy ondeurdagte dinge sê.

Hier is nou 'n toets vir jou logika:

- Rook is nie bevorderlik vir goeie gesondheid nie.
- Dit is beter om matig te rook as om glad nie te rook nie.
- Rook kan nie nadelig wees nie, want baie geneeshere en verpleegsters rook.
- Daar is rokers wat al tagtig jaar of ouer geword het.
- Mnr X het aan longkanker gesterf. Die oorsaak daarvan was dat hy te veel gerook het.
- Rokers sal uiteindelik aan longkanker sterf.

Spreek jou hieronder uit oor die logika van bostaande redenasie. Gesels met jou ouers, broers en susters hieroor as jy wil.

21
Hou woord

Het jy ook al met hierdie tipe mens te doen gekry?
* Hy belowe jou hand en mond om jou op 'n sekere tyd op 'n bestemde plek te ontmoet *en dan daag hy nie op nie.*
* Hy sal jou boek voor vanaand vir jou terugbring *en dan doen hy dit eenvoudig net nie.*
* Hy sal jou op die afgesproke tyd kom oplaai en *kom dan laat.*
* Hy leen jou graaf, boek, kasset of plaat, belowe om dit terug te bring en dan *moet jy hom daaroor aanpraat omdat hy dit net nie terugbring nie.*
* Hy belowe om jou met iets te kom help en *vergeet dan om dit te doen.*

Hoe voel jy as iemand nie teenoor jou woord hou nie? Skryf jou gevoelens hier neer:

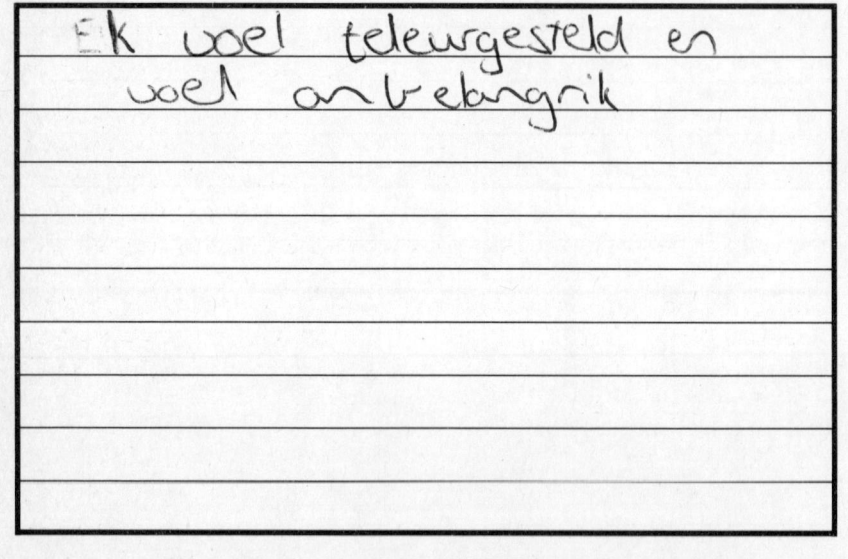

> *Ek voel teleurgesteld en voel onbelangrik*

Jy is reg. 'n Mens voel vies of teleurgesteld, in die steek gelaat. Jy voel hy gee eintlik min om vir jou. Jy voel hy is onbetroubaar, eintlik in dié opsig 'n leuenaar wat nie doen wat hy sê nie, 'n tweegesig, iemand op wie jy jou nie kan verlaat nie.

Die persoon wat nie woord hou nie, is stadig maar seker besig om sy goeie naam skade aan te doen. En om sy onbetroubaarheid te probeer regverdig, is hy dikwels "verplig" om 'n leuen te vertel of 'n flou verskoning te gee soos:

- Ag man, my horlosie het gaan staan.
- So-en-so het my vreeslik opgehou.
- Ek het jou verkeerd verstaan.
- Jammer, ek kon nie eerder kom nie.
- Dit was 'n misverstand.
- Ek het juis vanoggend nog gesê ek moet jou goed voor vanaand terugbring.
- Dit was skoon uit my gedagtes uit.

Hoe kan hierdie probleem reggestel word? Wat kan 'n mens doen om woord te hou en as 'n staatmaker en 'n betroubare mens beskou te word?

* *Ontwikkel die drang om jou medemens nooit teleur te stel nie.* Sê vir jouself: "Ek wil my vriendekring deur my lewe heen uitbrei en nie verklein nie. Dit kan ek doen deur onder meer nie iemand anders teleur te stel nie, deur iemand te wees op wie ander kan staatmaak, deur iemand te wees wat as 'n betroubare mens bestempel word. Dit is aangenaam om in die oë van iemand anders 'n staatmaker te wees."

* *Bou aan jou eie selfbeeld deur mooi, sterk karaktereienskappe na te strewe.* Mense hou van 'n eerlike, betroubare mens. Dit is die staatmaker wat in die lewe vorder en leiersposisies kan beklee. Sê vir jouself jy gaan probeer om altyd woord te hou.

* *Dra altyd 'n sakboekie by jou.* Die lewenstempo is te vinnig en daar gebeur te veel dinge in ons lewe dat ons alles sommer net kan onthou. Hy wat op sy geheue alleen staatmaak, gaan iets vergeet of nalaat – dit is nou maar seker. Nee, skaf maar gerus daardie sakboekie aan en skryf *elke* afspraak of belofte neer wat jy maak en kom dit stiptelik na. Ontwikkel die gewoonte om elke oggend voordat jy by die huis uitloop, elke middag tydens middagete en elke aand ná aandete jou dagboek oop te maak om sodoende te verhoed dat iets jou ontgaan.

Hier is 'n voorbeeld van 'n dag uit my dagboek:

Maandag

08:00 – Klas: Afrikaans
11:20 – Afspraak met meneer Greeff
12:10 – Spreek skoolhoof oor verkoping
14:30 – ACSV-vergadering
15:00 – Studie
16:30 – Sportoefening
18:00 – Afspraak met Joan
19:00 – TV-program

---

* *Bring 'n kennisgewingbord aan teen die muur van jou slaap- of studeerkamer.* Jy moet die bord dadelik kan raaksien wanneer jy jou kamer inkom. Maak vir jou 'n groot kalender vir elke maand. Druk elke afspraak met 'n drukspyker op die bord vas by die betrokke dag. Wanneer jy 'n skriftelike uitnodiging na 'n partytjie ontvang, kan jy die dag en datum op die kaartjie onderstreep en dit eenvoudig by die regte dag op die bord vasdruk. Ontvang jy 'n kennisgewing van 'n vergadering, vou jy die vel papier kleiner, onderstreep die dag en datum en druk dit ook op die kennisgewingbord vas. Hierdie metode sal jou help om nie te vergeet nie en betyds voorbereidings te tref.

* *Aanvaar en besef dat wanneer jy 'n afspraak of ooreenkoms nie nakom nie, die ander persoon daaruit aflei dat jy nie eintlik vir hom omgee nie.* Hy mag ook aflei dat jy hom as persoon nie as belangrik genoeg ag om 'n ooreenkoms te hou nie.

* *Glo dat jy besig is om jou persoonlikheid stadig maar seker op te bou elke keer wanneer jy 'n afspraak nakom en 'n ooreenkoms hou.* Dit is hierdie eienskappe wat maak dat mense jou vertrou, in jou glo, jou respekteer en van jou hou.

* *Jy kan jou geheue doelbewus probeer oefen en versterk.* Daar bestaan verskeie goeie, praktiese wenke. Assosiasie is een goeie metode om mens- en plekname te probeer onthou. Koppel byvoorbeeld iemand se gesig aan 'n bepaalde eienskap. Deur dan later die eienskap te herroep, word die persoon se naam of gesig ook na vore gebring.

Dit is 'n normale ondeug om soms te vergeet. Die oomblik dat dit egter dikwels gebeur en selfs chronies word, het dit in 'n lelike, afkeurenswaardige karaktereienskap ontwikkel. Hierteen moet 'n mens wal gooi! Moenie jouself aftakel nie. Moenie jou vriende verjaag nie. Prediker 5:4 sê iets belangriks in hierdie verband. Slaan dit na en skryf dit hieronder neer:

Hoe kosbaar is jou woord van eer? Dit is een van daardie skatte wat jou innerlik ryk maak, wat jou vriendskap vir ander iets begeerliks maak. Niemand kan jou daarvan beroof nie, net jy self en dan ook net deur jou eie toedoen.

22
'n Mens moet kan nee sê

Baie mense sê graag nee om die een of ander negatiewe of verkeerde rede. Sulke redes kan byvoorbeeld een of meer van die volgende wees (probeer die lys verder aanvul):

- Jy is behep met jouself, so erg dat jy nie vir 'n ander mens iets goeds gun nie en dikwels versoeke weier.
- Jy is luierig om mense te help en dink dan 'n verskoning uit waarom jy nie kan nie.
- Jy is van nature 'n negatiewe mens.
- Jy is 'n pessimis en sien net probleme en die donker kant van die lewe raak.
- Jy is haastig en wil nie vir iemand anders moeite doen nie.
- Jy is bang om nuwe dinge aan te pak omdat jy bang is jy misluk.
- _____
- _____
- _____
- _____

Hierdie soort nee-mens is egoïsties en sy manier van nee sê is 'n lelike karaktertrek wat sterk afgekeur moet word. Ons dink hier aan die soort mens wat net vir homself lief is en nie vir sy medemens omgee nie. Jy is mos nie so 'n mens nie, nè?

Maar ons wil eintlik met jou oor 'n ander soort mens praat – daardie persoon wat om die een of ander goeie, eerbare rede die moed openbaar om in 'n gegewe situasie nee te kan sê. Dit is beslis nie maklik om nee te sê nie! Hierdie soort mens sê nee om een van die volgende goeie redes:

- Jy het die moed om by jou goeie beginsels te hou en sê nee vir voorstelle of uitnodigings wat daarteen bots.
- Jy gee nie toe ter wille van populariteit nie.
- Jy sê nee omdat jy nie 'n "pap" persoonlikheid het nie en omdat jy glo dat jy die reg op 'n goeie mening het.
- Jy glo dat 'n eerbare vriend jou dit nie sal verkwalik as jy beginselvas is nie.
- Mense weet wat hulle aan jou het en ag jou daarvoor.
- Ordentlike mense sal jou respekteer as jy op 'n mooi manier by jou oortuiging bly en nee moet sê.

- _____
- _____
- _____
- _____
- _____

Daar is mense wat so erg aan 'n minderwaardigheidsgevoel ly, dat hulle huiwerig is om vir iemand nee te sê omdat hulle nie graag die persoon se goedgesindheid wil verloor nie. Wat hulle egter nie besef nie, is dat 'n nee-antwoord op 'n mooi, beskaafde, vriendelike manier juis respek vir jou by die ander persoon laat ontstaan. Die ander persoon besef dat hy te doen het met iemand wat beginselvas is. Dink 'n bietjie mooi of jy nie ook by tye dinge saam met die groep doen net om "in" te wees of deel te wees van die groep nie, al weet jy dat dít wat hulle doen eintlik nie reg is nie. Is dit so?

Kan jy uit die werklike lewe 'n paar voorbeelde noem waar nee sê 'n teken van 'n sterk karakter is? Vra vir Pa, Ma en jou broer en suster om te help.

- _____
- _____
- _____
- _____

Hier is 'n paar voorbeelde waaraan ons dink:

* Die seun of meisie wat op 'n drinkparty weier om mee te doen.
* Die skolier wat tydens studietyd bly studeer wanneer iemand hom met iets aanlokliks probeer wegkry.
* Die jongmens wat in 'n seksueel-opgewerkte toestand kan nee sê en nie te ver gaan nie.
* Die seun wat baie lus is vir 'n sigaret en dan met 'n sterk wil besluit om nie te rook nie.
* Die kind wat kan nee sê vir maats wat hom na verkeerde plekke toe wil lok.

As jy 'n kind van die Here is en jy dalk meen jy het nie die krag om sterk te staan nie, kan jy in 1 Petrus 4:11 sien dat God jou wel die krag sal gee as jy maar net gewillig is om te probeer. In Hebreërs 11:34 kom die versekering dat die swakkeling altyd by God krag ontvang. Probeer net, sommer vandag nog – jy sal dit regkry!

Gaan kyk gerus vanaand wat staan geskrywe in Eksodus 15:2, Deuteronomium 8:18, 2 Samuel 32:40, Psalm 18:33 en Job 39:14. Memoriseer een of twee van hierdie tekste om jou in moeilike situasies te help. Sterkte!

23
Hou mense van jou?

As jy nou baie eerlik met jouself moet wees, sou jy sê mense hou oor die algemeen van jou of hou hulle oor die algemeen nié van jou nie? Moet nou nie skrik en dalk in moedeloosheid verval nie. As die prentjie nie so goed lyk nie, kan jy dit verander deur net positief te bly en iets aan die saak te *dóén*. Baie mense het dit al met wilskrag reggekry – jý kan ook!

Kom ons begin so: Gaan na jou beste vriend of vriendin, of na jou pa of ma (besluit self) – iemand in wie jy vertroue het en wat jou goed ken. Vra die persoon (of persone) om 'n lys te maak van daardie eienskappe of optredes van jou wat maak dat mense van jou hou, maar ook een van daardie eienskappe of optredes wat veroorsaak dat mense (of sommige mense) nié van jou hou nie. Hier is twee voorbeelde:

Lys van positiewe eienskappe/optredes

- Jy is betroubaar en hou woord.
- Jy is ywerig (hardwerkend).
- Jy kom afsprake na.
- Jy is planmatig in wat jy doen.
- Jy het 'n sterk pligsbesef.
- Jy _____
- Jy _____

Lys van negatiewe eienskappe/optredes

- Jy skep 'n norse, onvriendelike indruk, al bedoel jy dit nie.
- Jy word te gou kwaad as iemand jou teëgaan.
- Jy vergewe en vergeet nie maklik nie.
- Jy kritiseer te gou.
- Jy _____

Die volgende stap is om hierdie twee lyste elke aand aandagtig deur te lees en jou dan opnuut voor te neem om vol te hou met dít wat in die eerste lys staan, en dít wat in die tweede lys voorkom, doelgerig te bestry. Met die positiewe eienskappe sal jy waarskynlik nie probleme ondervind nie – die knoop lê by jou ondeugde! Lees hulle gereeld elke aand sodat jy van hulle bewus kan bly en probeer dan om hulle te bestry met entoesiasme! As jy werklik probeer, kan jy slaag.

Hoe laat 'n mens mense van jou hou? Ons het op 'n dag die volgende versoek aan 'n groot groep onderwysdosente en -studente voorgelê:

> Jy word deur die skoolhoof uitgenooi om die skoliere oor die volgende onderwerp toe te spreek: "Hoe om mense van jou te laat hou". Oor watter vyf karaktertrekke of deugde sal jy met hulle gesels?

Dit is verbasend watter groot mate van eenstemmigheid daar onder die studente en dosente oor hierdie saak was. Die volgende vyf wenke van hulle mag dalk vir jou iets werd wees:

Wees vriendelik en liefdevol

'n Vriendelike, hartlike mens se invloed is soos dié van 'n magneet: dit trek mense aan. In so 'n mens se geselskap voel jy ontspanne en op jou gemak. Selfs die haastige persoon ruim 'n tydjie in om met so 'n mens 'n paar woorde te wissel. Ons praat natuurlik nie van 'n aangeplakte vriendelikheid nie – dit moet eg. wees. In Spreuke 16:24 word gesê: *Aangename woorde is heuning, soet en geneeskragtig vir die mens.* En in sy brief aan Timoteus beklemtoon Paulus: *'n Dienaar van die Here moenie rusie maak nie. Inteendeel, hy moet vriendelik wees teenoor almal . . .* (2 Tim 2:24).

Wees eerlik, opreg en betroubaar

Die persoon wat 'n noodleuen vertel of 'n skynheilige kompliment gee, wat 'n afspraak nie nakom nie en 'n belofte nie hou nie, is 'n onbetroubare mens. Omdat hy onvoorspelbaar is, is mense versigtig vir hom en bly hulle uit sy pad. Die betroubare mens, daarenteen, trek ander mense aan, want hulle weet wat hulle aan hom het. Hierdie soort mens laat ander mense veilig en ontspanne in sy teenwoordigheid voel. Hierdie soort mens is openlik en opreg en dra nie 'n masker nie. Walter Rinder sê: "It is truth which makes man great . . . for in truth lies all the virtues of the human soul."

Stel belang in ander mense, wees empaties en bereid om te luister

'n Aangeplakte belangstelling is oneg en stoot af. 'n Natuurlike, egte belangstelling wek vertroue en toegeneentheid en trek mense aan. Die groot lewenskuns lê daarin om jou op 'n eerlike wyse in die plek van 'n ander mens te kan stel sodat jy sy probleem kan probeer begryp soos hý dit aanvoel. Jy staan as 't ware in sy skoene! Die begrypende, bedagsame, belangstellende mens trek ander mense aan.

Wees altyd beleefd

Die mens wat hoflik en beleefd is, is dié een met daardie ekstra tikkie afronding in sy gees en opvoeding. Hier verwys ons na die "gentleman" met die mooi maniere wat respek afdwing. Dit is hy wat belangstellend vra hoe dit met jou gaan en wat jou laat voel dat jy ook iets werd is. Hy laat jou goed voel. Elke mens het 'n begeerte om te voel dat hy waarde het. Hiervan sê Dale Carnegie: "Here is a gnawing and unfaltering human hunger, and the rare individual who honestly satisfies this human hunger will hold people in the palm of his hand and even the undertaker will be sorry when he dies."

Wees altyd hulpvaardig

Die egoïs sien nie maklik die belange en behoeftes van 'n ander mens raak nie. Sy leuse is: "Elkeen vir homself!" Hy het nooit tyd om 'n ander te help nie, want hy is altyd te "besig", of hy is "tot oor sy ore toe onder die werk". Verskuif net die fokuspunt vanaf jouself na jou medemens en jy vind volop tyd om hulpvaardig teenoor hom te wees. Hierdie soort mens wek liefde en toegeneentheid. Jy hou van hom.

Probeer doelbewus van nou af om elke dag iets vir iemand anders te doen. Sê 'n slag vir Ma sy moet 'n vadoek aangee dat jy kan help afdroog. Sê vir Pa hy hoef hom nie hierdie week oor die motor se skoonmaak te bekommer nie – jy sal daarvoor sorg. Maak daardie stukkende bedlampie vir jou suster reg. En as jy sien jou broer is besig met iets, vra hom of jy kan help.

24
Jy kán geestelik groei en vir die Here getuig

Is jy só besig met sport, verenigings en skoolwerk dat jy aand ná aand op die bed neerval, te moeg om Bybel te lees of te bid? Of miskien probeer jy bid en raak dan sommer terwyl jy bid aan die slaap. Jy ontwikkel jou spiere op die sportveld en jou verstand deur studie, maar oefen jy ook op geestelike gebied? Daar is baie mense wat Christus as hulle Verlosser aangeneem het en op alle gebiede ontwikkel, behalwe op geestelike gebied. Reken jy dat jy op geestelike gebied oefening kry en groei? Merk jou antwoord in die toepaslike blokkie.

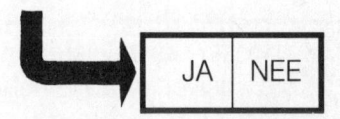

| JA | NEE |

Watter faktore is daar in jou lewe wat verhinder dat jy geestelik groei? Bespreek dit met jou ouers, jou kringleier of jou predikant en doen daadwerklik iets daaraan. Praat ook met die Here daaroor.

Een van die redes vir die gebrek aan geestelike groei is die feit dat dit baie selfdissipline verg. Wanneer jy 'n afspraak met 'n dokter of tandarts het, sorg jy dat jy dit stiptelik nakom, terwyl die afspraak met die Koning van alle konings so maklik uit- en afgestel word.

Jy sal minder geneig wees om dié belangrike afsprake te ontduik indien jy ervaar dat Jesus daar in jou kamer vir jou sit en wag.

Die volgende G's is onmisbaar vir jou geestelike groei:

Gebed

Lees Johannes 15:7. Praat elke dag met God. Jy kan enige tyd en enige plek met Hom praat, want Hy is oral. Hy is jou hemelse Vader en Hy stel belang in elke aspek van jou lewe, van toetspunte tot jou afspraak Saterdagaand.

Gods Woord

God praat ook met ons deur sy Woord en om Hom en sy wil vir ons lewe beter te leer ken, moet ons elke dag sy Woord lees. Daar is baie goeie Bybelstudiegidse om jou te help in jou Bybelstudie. Groepbybelstudie is baie werd, mits dit nie jou individuele Bybelstudie vervang nie.

Lees jy gereeld jou Bybel?
Plaas 'n regmerkie in die toepaslike blok.

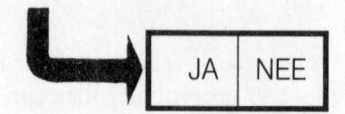

| JA | NEE |

Gehoorsaamheid

Lees Johannes 14:21 en Matteus 7:21. Dit baat nie om net te *weet* wat in God se Woord staan en dit nie te *doen* nie. Probeer om 'n *dader* te wees en nie net 'n *hoorder* van die Woord nie. Dit is nie altyd maklik nie, maar die beloning is groot.

Op watter ses maniere kan jy vir Christus getuig deur te *doen*? Dié Bybelverse sal jou help. Skryf net die kerngedeeltes neer.
- Efesiërs 4:31-32 _____
- Efesiërs 5:18 _____
- Efesiërs 4:2-3 _____
- Filippense 2:14 _____
- Filippense 4:4-6 _____
- Kolossense 3:23 _____

Geloof

Om te glo, is om seker te wees van die dinge wat ons hoop, om oortuig te wees van die dinge wat ons nie sien nie (Heb 11:1). Glo dat God jou geskape het met 'n spesifieke doel en spesifieke talente en dat Hy 'n plan het met jou lewe. Vertrou God ook waarlik vir elke aspek van jou lewe. Lees 1 Petrus 5:7.

Getuig

Christus se laaste opdrag aan ons was baie duidelik: *Ons moet getuig.* 'n Mens kan getuig deur dit wat jy **doen,** wat jy **sê** en wat jy **is**. Onthou, jy getuig nie omdat dit 'n bevel is nie, maar omdat jy innerlik daartoe gedring word. Lees Romeine 10:10.

Om met jou mond te getuig, beteken nie om 'n klomp Bybelverse aan te haal nie. Dit beteken dat jy vir iemand anders sal vertel wat Christus vir jóú in jou lewe beteken. Vra Hom om jou 'n kans te gee en wag dan die kans af. Moet nooit iemand stormloop met die Bybel onder die arm en hom/haar in 'n hoek druk nie. Dit kan so 'n persoon dalk heeltemal afskrik.

Onthou:

First speak to God about a person, before you speak to the person about God.

Deel die volgende vier geestelike waarhede met iemand wat die Here op jou pad plaas:

- God het jou lief en Hy het 'n wonderlike plan met jou lewe. Johannes 3:16; Johannes 10:10.
- Die mens is sondig en van God geskei, daarom kan hy God se liefde en plan nie ken nie. Romeine 3:23; Jesaja 59:2.
- Jesus Christus is God se enigste oplossing vir die mens se sonde. Johannes 14:6.
- Ons moet Jesus Christus as persoonlike Verlosser en Here aanneem. Johannes 1:2.

Gemeenskap met ander Christene

Dit is belangrik dat jy vriende het wat Christus as persoonlike Verlosser ken, sodat julle sáám sy Woord kan bestudeer, sáám kan bid en sáám kan groei.

Skakel in by jou kerk se jeugvereniging of by 'n gebedsgroep by die skool.

Het jy sulke vriende? Wie is hulle? Skryf hulle name hieronder neer:

Dank God vir hulle.

103